JN175403

Garden Diary Books
はじめての小さな庭の
花図鑑

アンチューサ レプトフィラ
'タッセル ブルー' (p.45)

フロックス ドラモンディー
'クリーム ブリュレ'(p.54)

岩手県、土樋三重子さんのホワイトボーダー。

① バイカウツギ属の栽培品種
② ジギタリスの栽培品種
③ ヴァレリアナ オッフィキナリス（セイヨウカノコソウ）
④ フィリペンドゥラ ヴルガリス（ロクベンシモツケ）
⑤ タナケウム属の一種
⑥ ゲラニウム クラーケイ 'カシミール ホワイト'
⑦ ゲラニウム プラテンセ 'スプリッシュ スプラッシュ'
⑧ ゲラニウム ファエウム 'アルバ'
⑨ ジャーマンアイリス
⑩ ベンケイソウ属の栽培品種
⑪ フロプシス スティロサ（ハナクルマバソウ）
⑫ アサギリソウ
⑬ サルビア ネモローサ 'スノーヒル'
⑭ ヘリアンセマムの栽培品種
⑮ リナリア プルプレア
⑯ シロヨモギ
⑰ カラミンサの栽培品種
⑱ ネペタの栽培品種
⑲ ラムズイヤー

アネモネ カナデンシス（軽井沢オークハウス）

心を満たす『庭の花図鑑』

「庭に何を植えよう？」と、思いを巡らせるほど楽しいことはありません。もしかすると庭作りの楽しみの半分は、庭に植える植物を選ぶ過程にあるのかもしれないと思えるほど、わくわくしながら、私たちは植物選びに時間を費やします。

本書は、そんな「至福の時間」を、よりいっそう楽しむための『庭の花図鑑』です。

花の季節を思い描きながら、「庭のバラにどんな草花をどう組み合わせよう？」「お花畑のイメージの庭を作るには、どんな花を選べばいい？」「日陰の庭で機嫌よく育つ植物の組み合わせは？」等々、庭に植える植物を具体的に選び出す時、参考になるのは、素敵なお庭の事例です。

本書では、ガーデニング誌『ガーデンダイアリー』掲載のお庭を中心に、庭作りの達人たちが選び抜いた植物とその見せ方を、お庭の雰囲気といっしょにご紹介しています。「好きな雰囲気」のお庭の事例を見つけて、じっくり研究してみてください。

庭作りはタイヘンだし時間がないから、と諦めている方には、丈夫で開花期が長く、夏の暑さにもへこたれない花を集めたページがお役に立ちそうです。タフで優しい植物たちが、きっとあなたの傍らで咲いていてくれることでしょう。

そして第5章は、日本の自然の中で育まれてきた「野の花」がテーマです。軽井沢と東京の2つの「野の花の庭」に登場するのは、ミヤコワスレやタチツボスミレ、カワラナデシコ、チゴユリ、チョウジソウなど、古くから日本で愛されてきた花々です。

可憐な植物の写真のひとつひとつをじーっと眺めていると、日本人である私たちが、何を美しいと感じるのかを再確認できるような気がします。

そうして『庭の花図鑑』のページをめくりながら、新しい花の名前をひとつ覚えると、人生の楽しみがまたひとつ増えるのを感じます。心を満たす『庭の花図鑑』として、本書をいつもお手元に置いてご活用いただければうれしいです。

【著者から】

植物と暮らす日常が
一生の喜びとなる

はじめて自分で植物を育てたのは中学生の頃です。当時住んでいた千葉県の行徳は、ちょうど宅地開発の最中にあり、一面の蓮田が埋め立てられてできた造成地にいろいろな植物が生えてきていました。その中に気になるロゼット状の植物を見つけ、プランターを買って来て植えてみました。水をやって大事に育てたところ、5月にかわいい白い花が咲きました。オエノセラ ロゼア（＊）です。はっきり意識したわけではないのですが、この時、植物を育てることを、とても楽しく感じたのだろうと思います。以来、自分の楽しみとして、その後は仕事としても、ずっと植物にかかわってきました。

本書では、はじめて庭を作る人が必要とすることを誌面の許す限りなるべく多く、わかりやすく書きました。庭作りや園芸は、適切な知識があればうまくいきます。逆に、「知ってさえいれば避けられたのに」という失敗も多々あるのです。皆様が本書を片手に、日々の実践と観察を通して培う楽しみと喜びを手にされることを願います。植物と暮らす日常が皆様の一生の喜びとなりますように。

小さな野の花をバラのように
バラも野の花のように撮る

学生時代に山野草に興味を持ち、はじめて撮った植物写真は、南アルプスの北岳 (3,193m)の稜線の砂礫地に咲く小さな小さなミヤマタネツケバナでした。友人のカメラで試しに撮らせてもらいました。それまで全くカメラに興味がなかったのに、ファインダーを覗いている時に、不思議と「あっ、これは自分の仕事だ!」と直感しました。そして、山から降りて、早速Nikonのミ FM2というカメラを買い、植物写真を中心に撮影するようになりました。

私は今、ガーデン誌「ガーデンダイアリー」の取材などで、毎年、国内外で、数え切れないほどの庭を訪ねて花の写真を撮ります。園芸、ガーデニングの世界では、華やかなバラが注目されます。でも、もともと山野草が好きだった私には、小さな草花もシダも、バラと同じくらい愛おしく思えます。小さな草花もバラのように華やかに、バラも野の花のように自然な雰囲気で、同じように向き合って丁寧に撮影します。

北岳の稜線でミヤマタネツケバナを撮ってから四半世紀以上が経ちました。本書は私のこれまでの集大成です。

辻 幸治 つじ こうじ

園芸研究家。1978年、大阪生まれ。東京農大短期大学部環境緑地学科中退。江戸の園芸文化から、世界のワイルドフラワーまで、植物への愛情あふれる深く幅広い知識を持ち味とする。NHKテレビ「趣味の園芸」に出演、「NHKテキスト趣味の園芸」「ガーデンダイアリー」など植物をテーマとする雑誌に執筆。著書・監修に「色別身近な野の花 山の花ポケット図鑑」「育てる調べる山野草2525種」など多数。

福岡将之 ふくおか まさゆき

写真家。1970年、長崎市生まれ。九州大学工学部を卒業後、北海道大学院地球環境科学研究科で研究生として、北海道の植物分類・地理学を学ぶ。北海道の環境調査の会社で、北海道の植生調査業務に10年間従事。2003年から写真家として独立。「ガーデンダイアリー」、「大成功のバラ栽培」などの書籍、雑誌、広告の撮影。著書に「portrait」「紫竹おばあちゃんの幸福の庭」「北鎌倉のお庭の台所」。

もくじ

植物名の表記のルール

本書の植物名は一般に親しまれている呼び名を採用しています。国内に野生があるもの、また導入から長年たっていて日本語での呼び名のほうが一般的なものは和名を採用。それら以外のもので、外国の植物で日本に野生のないものは学名のカナ音転写を採用しています。

「フローラ黒田園芸」の植栽
①メギ
②ネペタ（淡い紫の花）
③ヘリオプシス ヘリアンソイデス
ローレン サンシャイン（'ヘルハン'）
④サルビア ファリナセア
⑤オオバイボタ'レモン＆ライム'
⑥ロニセラ ニティダ'レモン ビューティー'
⑦ギリア カピタータ（水色の花）。

第1章　植物と暮らす準備

庭作りの楽しさは、庭を作る過程自体、試行錯誤そのものにあります。まずは、作りたい庭をイメージするところから始めましょう。おおよそのイメージが決まったら、併せて植物を選びます。素敵なインテリアの部屋を作るのとは違って、庭に迎えるものは、もちろん生きている植物ですから、植物と暮らす準備が必要です。いっしょに暮らす相手について、知っておくことも大切です。植物を知ることを楽しむところから、植物のある暮らしが始まります。

福島県、小泉真由美さんの庭
①バラ'ポールズ ヒマラヤン ムスク'
②バラ'キング ジョージ4世'
③スイートピー'マトゥカナ'
④ジギタリス パムズ チョイス
⑤クロバナフウロ
⑥アグロステンマ
⑦デルフィニウムの栽培品種
⑧オルラヤ グランディフローラ
⑨サルビア ネモローサ'カラドンナ'
⑩ベロニカ
⑪ゲラニウム サングイネウム'アルブム'
⑫セラスチウム
⑬エゴポディウム ポダグラリア
　'バリエガツム'(イワミツバ)

どの植物を、どんな場所に、どう植える？

植物の栽培は「適地適作」が基本です。その植物に合った環境に植えると、植物は生き生きと元気に育ち、美しい表情を見せてくれます。逆に、環境が合わない場合は、植物は本領を発揮することができません。イギリスの庭で見た美しい植物を植えても、庭の環境に合わなくて気息えんえんの状態では、美しいとはいえません。ありふれた植物でも、環境が気に入って元気に育っていればそちらのほうがよっぽど美しいのです。

日当たりは？

園芸を楽しむには、まず日当たりがよくなければ…と思っている人が多いのには驚かされます。日なたのほうが、育てられる植物の選択の幅が広いのは確かですが、日陰でもじゅうぶんに楽しむことができます。日なたで日陰を好む植物は栽培できませんし、その逆も然りです。日照条件に合った植物を選択するのが大事です。日当たりの良し悪しで問題になるのは光の強さだけでなく温度が重要です。日当たりのよい場所は年間を通して温度が高くなり、日当たりが悪い場所ではその逆です。この温度の差を使えば、夏の暑さ・冬の寒さをうまく凌いだり、普通より早く咲かせたり、遅く咲かせたりといったことも可能です。

方位は？

日当たりと関係しますが、建物の周囲の方角によって、環境に差が見られます。東側は朝いちばんに光が入り、午後以降は建物の陰になります。とくに夏は気温が上昇する前に明るくなり、気温が高くなる時間帯に陰に入るので、植物の消耗が抑えられるよい場所です。南側も朝から一日中日が当たるよい場所です。ただし、夏は気温が高くなる午後まで日当たりがよいため、暑さを嫌う植物は移動させる必要があります。冬は季節風を避ければ日溜まりになって暖かく、温室やフレームを設置するのに適しています。西側は朝陽が差さず、昼以降に光が当たります。このため夏は植物が消耗しやすく、暑さに耐える丈夫な種類を選ぶ必要があります。北側は直射日光が入らないため、日陰になります。そのため温度が上がりにくく、夏には暑さを嫌う植物のよい避暑地となります。周囲が開けてさえいれば散乱光が入りますので、シダやギボウシなどが機嫌よく育つ素敵なシェードガーデンになります。

土壌は？

雨の多い日本では土地の水はけのよさは植物のできばえに直結します。一般論としては水はけのよい土地のほうがよくできます。水はけの改善は土自体の改良の他、あまりに悪い場合は排水路の設置や嵩上げなどの手段をとる必要も出てきます。

痩せ地であることは、あまり気にする必要はありません。土地を肥沃化する方法はいくつもありますし、よい肥料もたくさんあります。むしろ、過剰な施肥などによって栄養過多になった土地のほうがたいへんです。緑肥を育てて別の土地に運び出すなど手段が限られており、時間も年単位でかかります。植物の種類によっては土を入れ換える「客土法」をとる場合もあります。一般的な園芸植物を育て上げる際には普通の土壌改良でじゅうぶんで、客土しなければならないことは稀でしょう。ロックガーデンを築く場合は、客土によって水はけのよい砂質土に入れ換えます。

風通しは？

風通しのよい場所は相対的に湿度が低下し乾燥しやすくなります。ですからベランダや屋上は、サボテン・多肉植物や南アフリカ・オーストラリア産の花木や球根類にはよい環境です。周囲が建物で囲まれている場所は風通しが悪く、湿度が高めの環境になります。このような場所では高い湿度を好むシダやベゴニアなどが育ちやすくなります。

植物と暮らす春夏秋冬

冬の間は土作りを

3月下旬から9月頃まで
病害虫の発生が多い

梅雨と上手につきあう

1月　　2月　　3月　　4月　　5月　　6月

春、たくさんの花苗が出そろう

4月は園芸シーズンの始まりです。この時期、園芸店の店頭にはたくさんの花苗が並ぶので、好きなものを選べます。商品についてきちんと説明のできる、信頼のおける店を選んで苗を購入します。「よい苗を選ぶポイント」は、スーパーで生鮮食料品を買う時と同じことです。つぶれていたりカビがついていたりするイチゴを買わないのと同じように、よく見て、病害虫のついていない、状態のよい苗を買います。

初夏は夏越しの準備を

爽やかな5月はガーデンがもっとも美しく輝く季節です。庭を存分に楽しみながら、咲き終わった後の花がらをしっかり取ります。種を採りたい植物の花がらは、もちろん残しておきましょう。この時期、植物の種類によっては、夏越しのことを考えて刈り込んだり、枝をまびいたりしておきます。目につく雑草はこまめに抜きます。

梅雨の時期がやって来る

多くの植物にとって、過ごしにくい季節の始まりです。6月から9月の中旬くらいまでを、いかに上手にやりすごすかということが日本の庭のいちばん大きな課題です。ユッカ、サボテンなど小雨地帯の植物、ゼラニウム、ガザニア、セージなど地中海性気候の植物については、鉢植えのものは雨の当たらないところに移します。うちでは、透明の波板の下のテラスに移しています。雨の多い時期のことを考えると、地植えのものは、ある程度、雨に耐えるものを選んでおかなくてはなりません。さらに、植える段階で、土を高く盛って、雨による水がたまらないようにしておくことが必要です。

夏の水やり

日本の夏の気温が 40度に達するのは「あること」だと考えておきましょう。夏の間、日本は、赤道直下くらいになると覚悟しておくとちょうどいいかと思います。鉢植えは、うっかりすると1日で水切れをさせてしまいますから、「水切れがある」ということを前提に、植える植物を考えたほうがよいでしょう。乾燥に強い植物を選び、自動灌水器を設置するか、またはテラリウムで植物を楽しむ。自動灌水器は投資額によって信頼性が比例します。暑い夏には、花が咲いても、あまりきれいに咲かないものも多いので、とにかく「生かす」ことを最優先にして植物とつきあいます。

夏は元気のよい熱帯産の植物を楽しむ

ランタナ、インパチェンス、トレニア、ペチュニア、ベゴニアセンパ フローレンス。さらにコリウス、シコンノボタンなど。熱帯的な気候条件下でむしろちょうどいい植物を選んでおくと、ラクに楽しむことができます。コテージガーデン風の植物を育てたければ、土を高く盛ったり、土壌自体を夏を過ごしやすいロックガーデン用の砂質土に換えてみたり、あれやこれや知恵をしぼります。

夏の病害虫対策

夏の間は、病害虫がうんと出ます。早期発見、早期防除をめざします。対策としては薬剤によるケミカルコントロールが基本ですが、薬剤を散布したくない場合は、耐病性の強い植物を選ぶか、もともと病害虫がつかない植物を選ぶことです。水はけのよい砂質土を使ったロックガーデンを作ったり、土を盛って水はけをよくしておくのも、対策のひとつです。植物は弱ってきたところで病気にかかることが多いので、植物が健康に過ごせる条件を整えたうえで、病害虫がつかないよう

日本の気候風土のもとで植物を育てる時、「高温多湿の夏をどう乗り切るか」ということがいちばん大きな課題です。「梅雨の時期」「秋の長雨の時期」もまた、多くの植物にとって過ごしにくい季節です。ぐるっと1年間、春夏秋冬を見渡して、どの時期にどんな注意が必要か、おおよその心づもりをしておきましょう。

夏の水やりを忘れないで！　　　秋の長雨に要注意　　　園芸は秋スタートがお勧め！

| 7月 | 8月 | 9月 | 10月 | 11月 | 12月 |

に工夫します。農薬は同じものを使っていると耐性がついてしまうので、3種類くらい用意してローテーション散布するのが有効です。

秋の長雨の時期

6月の梅雨の頃と違って、夏の暑さで植物が消耗したあとの雨なので、しっかりと植物の状態を見てやりましょう。秋の長雨がすむまでは、夏の延長として注意しながら過ごします。この時期には、台風対策も忘れずに。背の高い宿根草には支えを、樹木にも支柱を。樹木は枝をすかしておいて、風に強くあおられないようにしておきます。

秋の園芸シーズンが始まる

秋の長雨が過ぎれば、秋の園芸季節の到来。ようやくひと息つけます。小売店は早くもこの頃からパンジーを売り出しますが、早出しのものにまどわされずに、気温がしっかり下がってから苗を購入します。夏の植物がまだまだ元気なので、そちらを楽しみながら、暑さが過ぎるまで待ちましょう。あわてて苗を買うと、暑さで徒長してしまいます。

園芸初心者の方には秋スタートがお勧め

園芸は、じつは秋からスタートするのがお勧めです。秋は雑草取りに追われることもなく、病害虫の防除もあまり考えなくてよいですし、大急ぎでしなくてはならない庭仕事もほとんどありません。秋は春ほど忙しくないからです。

冬支度

病害虫の越冬を阻むために、秋には、落ち葉や枯れ枝はしっかり片づけておきます。夏花壇に使った熱帯植物は、掘り上げたり、挿し芽などにして、暑さが去ってしまわないうちに室内に取り込み、冬越しができる算段をしておきます。シコンノボタンなど熱帯花木は、雪や霜に当てないように、ある程度コンパクトにまとめてから「プチプチ梱包材」で巻いて保護しておきます。ハイビスカスなどもオールドタイプのものは、東京では地植えでOK。小さめに剪定して、ハウスみたいにビニールをかぶせて冬越しさせます。

植え替え

ほとんどの宿根草は2月、3月の早春に植え替えをするのがいいです。春に植え替えると植物はどんどん根を伸ばし、花の咲く頃には、ひとまわり大きな株になっていることでしょう。一方、秋の植え替えは、とてもタイトです。植え替えて根づく前に冬がきてしまわないように、根づくまでに必要な時間を逆算して植え替えのタイミングを決めます。

冬の間は土作りを

冬は土作りに最適です。なぜならば、ほとんどの植物が休眠しているため、世話をする必要がなく、時間がたっぷりあるからです。気温が低いので、有機資材を扱っても臭くないのもよい点です。春を思い描きながら、カタログのページをめくって植えたい植物を探すストーブガーデニング、こたつガーデニングを楽しむ季節です。

早春

年が明けて2月〜3月になると、花苗が売り出されます。庭の土は、ちょうどよい状態になっていますか？ 種から育てた花苗は順調に大きくなっていますか？ 今年の庭作りの方針は、決まっていますか？ 植物と暮らせば、今年も1年、うんと楽しく過ごせそうですね。

知ると楽しい！
園芸の基礎用語

■一年草・二年草

草本の中で種から芽が出て花が咲き、再び種をつけて…というサイクルを一年以内で完結できる植物が一年草、それに二年かかるのが二年草です。ベゴニア センパフローレンスやニチニチソウのように、本来は多年草・低木などであっても一年草として扱えるものは一年草として利用されていることもしばしばです。

■越年草

一年草の中で、秋に芽が出て成長し、春に花が咲いて、夏前に枯れるもの。一年草のサイクルが半年ずれたものと理解するとよい。

■多年草

草の中で一年草と同じようなサイクルを3年以上続けてできる植物が多年草です。大切なことは、この言葉には「耐寒性の有無」という園芸上最も重要な情報は含まれていないということです。つまり単に多年草だといわれても、それが越冬温度に最低20度を要する高温性の熱帯植物なのか、マイナス30度にも耐える強耐寒性のものなのか区別できないということです。

■宿根草

多年草の中で水の凍結点である摂氏0度以下に耐える植物を宿根草といいます。この摂氏0度以下の低温に耐えることを耐寒性（hardy）と呼びます。これは植物に凍結点以下の低温に対抗するための能力があるか否かを意味します。植物の体内で水が凍ると、細胞内部で成長した氷の結晶が細胞を破壊して死に至らしめます。耐寒性のある植物は体液の糖濃度を高めて不凍液にしたり、可能な限り脱水したりして凍結しないようにします。マイナス2、3度が限度のものから北極圏でも平気なものまであります。

■ハーディネス・ゾーン・マップ

ある植物がどのくらいの寒さに耐えるのか？ どの地域に適するのか？ それをその地域での最低温度を基に区分けして表した地図がハーディネス・ゾーン・マップです。各地域は1a（最低気温摂氏−48.3〜−51.1℃）から13b（最低気温18.3〜21.1℃）まで色分けされています。例えばある植物の耐寒性の欄に9a〜7aと書いてあれば−3.9〜−17.8℃まで耐えうる、というわけです。各植物にはこの数字が割り振られており各地区を表す数字を見れば、自分の住んでいる所で植えても大丈夫かどうかがわかるという寸法です。

■熱帯植物

耐寒性のない植物やその仲間がまとめてこの中に含められています。樹木・草・多肉植物・球根・ランなど多彩です。越冬に必要な最低温度を基に半耐寒性（1〜5℃）・低温性（5〜10℃）・中温性（10〜15℃）・高温性（15℃以上）に細分されます。

■高山植物

耐寒性のある植物のうち、特に暑さ・過湿に弱いために暑さ対策・過湿対策が必要な植物をいう。小型の植物が多い。

■高木

文字通り背が高くなる性質の樹木です。高さは5〜6m程度から30mを超えるものまで、ほとんどの高木は人間の2、3世代分の時間を平気で生きる植物です。

■低木・灌木

低木と灌木はいっしょくたにされているのが現状ですが、異なります。低木は字のとおり高さの低い木で幹は1本かせいぜい数本、姿としてはジンチョウゲを思い浮かべればよいでしょう。これらの種類はもともと樹高が低い性質があり大きくなりません。一方、灌木の灌という字には群がるの意味があります。毎年新しいひこばえ（シュート）を伸ばしてたくさんの幹が立つ姿になるもので、幹の寿命によって高さが異なります。ツツジやアジサイが一般

的ですが、これらは幹の寿命が短く多くは10年以内であるため3mを超えることは稀です。しかしモクレンはもう少し長生きするので4mぐらいにはなりますし、この種のもので最大級になるカツラは15mを優に超えます。

■鉢植え

移動させることができ、環境のコントロールが効くのでその土地に合わない植物でも栽培が可能になります。その代わり植物の要求をすべて人間が満たしてやらねばなりません。鉢植えにする場合、移植に弱い植物は避けます。

■地植え

基本的に水やりの必要がなく、必要なメンテナンスが減るのでかなり楽ですが、一方でその土地の気候に合わない植物は栽培が難しい・できない、という欠点もあります。

■花壇

植物を植えるために、土を盛ったり囲ったりした場所です。土を盛り上げると水はけがよくなるので、地下水位の高い場所でも適湿の土壌が確保でき、また余分な水があることを嫌う植物の生育に有利になります。高くなることで手入れがしやすく、車椅子で生活する人が園芸を楽しみやすいなど多くの利点があります。

■水やり

植物は光合成の過程で水と二酸化炭素からブドウ糖を作る他にも、生命活動を維持するために、また体を支えるために水が必要です。適切な水分量を与えるのはある程度経験を要することです。同じ土でも素焼きやテラコッタの鉢で植えている場合とプラスチック鉢では、前者では乾きが早く、後者では乾きが遅く、また置き場所や季節・植えられている植物の種類によって変化するからです。基本的には表土が乾いていたら与えてください。

花がら摘み

摘芯

切り戻し

■植え替え

鉢植えの植物をそのままにすると、鉢の中が成長した根でいっぱいになったり、用土が経年劣化したりします。地植えの場合でも植物自体の成長の結果として、不具合が生じ植物の生育条件が悪化することがあります。そのような状態を回避するために植え替えをおこないます。普段は見えない根を含めた植物の全身をチェックするよい機会であり、株分けをするのにも好都合なので、抜本的な植物の手入れを同時におこなうとよいです。植物の育成段階によって呼び方が違います。「鉢上げ」は実生や挿し木の苗床から育成用の鉢に植え替えることを、「鉢増し」は成長に応じて小さい鉢から大きい鉢に植え替えることを、「定植」は最終的に植えつける場所、あるいは大きめの鉢に植えることを指します。

■花がら摘み(花がら切り)

花は植物の生殖器で、別に人間に見せるために花を咲かせるわけではありません。多くの場合、花が咲いたら実がつき、その分、成長が止まり、新たに花は咲かなくなります。それは人間にとって都合が悪いので、実をつけさせないように咲き終わった花を切り捨てる。それが「花がら摘み」です。連続して開花する性質を持つ四季咲き性、あるいは返り咲きする性質を持つ種類、または実をつけると著しく衰弱したり、株の寿命が短くなる植物におこないます。当然、果実を見たい植物は、花がらを摘みません。

■摘芯

成長を抑制、あるいは枝を出させるために新芽を摘むのが摘芯です。特に株が若いうちは、育つに任せるとほとんど枝を出さない植物が多いので、株のボリュームを増し、花数を多くするのに必要な作業です。

■切り戻し

植物の種類によっては花が終わった後に花だけでなく枝を2～3節ほどつけて剪定します。これを切り戻しといいます。なぜ花がら摘みだけではいけないかというと、花をつけた枝は細く、また開花にエネルギーを使っているため力不足で弱い芽しか伸びてこないためです。じゅうぶんに力のある部分から芽を出させるためには、そこから上を切り捨てます。その目的のため花後すぐにおこないます。

■剪定

植物の成長を助長するため、または植物を美的に整えるためにおこなう枝や葉の除去作業です。ですから、都市部でしばしば見られる後先を考えないで単に大きな枝を切り捨ててあるのは剪定とはいいません。その技術は奥が深く、植物の種類・目的・風土などによって切るべき枝と残す枝の選択基準が真逆に近いようなことすらあります。剪定にあたっては目的をしっかり理解し、個別の種類については専門書をよく読んで実行してください。

■剪根(根の整理)

剪定と同様に、植物の成長を助長するために根を切ることです。植え替えや移植の際に枯れた根や古い根を切り落とし、吸収組織の多い新根を発生させます。あるいは定植済みの株の周りを掘って古い根を切り、土壌改良した土を入れて新しく発生した根をじゅうぶんに成長させることで株を再活性させるのも目的のひとつです。大きな木では、数年かけて少しずつおこないます。

■実生(種播き)

種を播くことです。繁殖方法としては最も費用がかからず、しかも大量に殖やせる方法です。風土になじませるのに最も効果的な手法でもあります。外国から導入された植物は原産地との気候のギャップに耐えられなかったり、なじむまでに数年以上の時間がかかることは珍しくありません。そのよ

うな場合は種子から育て上げると気候にうまく適応できたり、あるいはたくさんある中から気候になじむ個体が現れて目的を果たせます。(p.22参照)

■株分け

株分けはいくつもの芽に殖えた植物を分割する繁殖手段です。それと同時に株の若返り手段でもあります。基本は無理なく分けられる場所で分けることと、のちの生育に支障がない大きさに分けることです。これを守らないと分けた後で新芽がなく新芽が出てくるのを待つことになったり、力不足になって小さな苗を大量に作ったのと同じになるからです。最悪枯れてしまうこともあります。病気の予防のため、株分けにナイフやハサミなどを使う場合は刃を火で炙るなどして殺菌します。切り口が大きくなった場合は殺菌剤などを塗って腐らないようにしておきましょう。

■挿し木(挿し芽・根挿し)

枝など植物の一部を切り取って、そこから新しい個体を育て上げる技術です。(p.24参照)

■移植

植物を最初あった場所から掘り起こして、あるいはすでにある鉢から抜いて別の場所、あるいは別の鉢に植えつけることです。数ある植物の中には移植を嫌う、あるいは移植をすると枯れる種類もあるので、そういう植物は育って欲しい場所に最初から植えつけます。

■マルチング

土の表面を何かで覆うことです。目的は乾燥防止、雑草の抑制・防止、防寒、表土の流出防止、修景などで、いくつかを兼ねているのが普通です。土を覆う資材にはビニール・砂利・籾殻・腐葉土・堆肥・ウッドチップ・クルミの殻・コルクの栓など目的に応じて色々な素材が使われます。

まず、土を準備する

土の状態は植物の生育に確実に反映されます。庭の土がよくなると、種の発芽力が高まり、根つきもよくなります。よい土で育った植物は花質がよく、花数も多く、長く咲いてくれます。土がよくなると、植物は不順な気候や病害虫にも打ち勝つ力を獲得します。つまり、土作りは、とてもやりがいのある庭仕事だということです。

土は同じように見えても、その土地の数十から数百万年におよぶ大地の歴史と気候によって違っています。さらに育てたい植物によって土壌改良の方向性が異なります。そこで、土作りで大切なのは、自分の庭の実際の土と向き合って、植物の育つ様子を観察し、どのような資材をどれくらい混ぜれば土がよくなるか、ということを、自分自身で試しながら研究・検討することです。

培養土

鉢植えや花壇、レイズドベッドで植物を栽培する場合、いちばん簡単なのが市販の培養土を購入して、もともとの土に混ぜ込むか、またはもとからある土と培養土を入れ替えることです。土作りがめんどうだったり、土を作っている時間がない、という時は、迷わず培養土を買って来ましょう。地植えで花の庭作りをしたい場合は、本腰を入れて土作りをしておくと、あとの楽しさが大きく変わります。

植物にとって理想の土とは？

理想の土とはどのようなものでしょうか。よい土は団粒構造をもちます。この団粒構造とは何でしょうか？ それは土が大小の塊からできていて、水や空気をよく通す状態であるものをいいます。この塊状の土は、細かな土の粒が微生物や化学的な作用によって、ちょうどおにぎりのように寄り集まった隙間の多いものになっています。この隙間の多い塊は中に多くの水分や養分を蓄えることができ、しかし全体としては粗いものですからよけいな水は流れ去って水浸しにならず、かわりに多くの空気を含みます。このため団粒構造をもつ土はよけいな水を含まず、しかし必要じゅうぶんな水を保ち、空気と養分も含んだ土になるのです。

多くの植物はこのような土を好みます。種類によってはもう少し砂がちであったり、湿り気の多い土を好んだりといった違いはありますが、まずはおおよその植物を満足させる土質です。

庭の土をチェック！

庭にする場所が、もと田んぼや畑だった土地の場合、水を通さない泥の層があるかもしれません。対策としては、重機を使った天地返しや、スコップを使ってできるだけ深く掘って天地返しをすることです。新築の家ならばコンクリートなどのカスや建設重機で土が堅く踏みしめられていることも稀ではありません。ただ、新築住宅で建設重機によって土が堅くなっている場所は、深くまで土が堅くなっているわけではないので、シャベルなどを使って一度深く耕せばそれでじゅうぶんです。この際にコンクリートのカスや石などをどけておきましょう。庭の土に混ざっている捨てられたコンクリートの欠片などは土壌をアルカリ化させます。多くの植物にとっては極端な悪影響はありませんが、ツツジ科の植物はコンクリートなど石灰質のものが禁忌です。自分の庭の土が、アルカリ性と酸性のどちらかに傾いていないかどうか、知っておくとよいでしょう。市販の安価なph試験紙で測定するのでじゅうぶんです。

pH試験紙

酸性土壌とアルカリ性土壌

日本の土壌は、ほとんどの場合、弱酸性です。そして、pH6〜7くらいの弱酸性の土で、ほとんどの植物が問題なく育ちます。もう少し酸性に傾いた土を好む植物としては、ツツジ科の植物が代表です。ツツジ、サツキ、ミツバツツジ、ナツハゼ、アザレア、アセビ、クランベリー、ブルーベリーなど、ツツジ科の植物は、やや酸性に傾いた土壌を好み、アルカリ性の土は苦手です。移植したミツバツツジが枯れてしまった、というような時は、移植した場所の近くにコンクリートが埋められていて、溶け出した成分が土をアルカリ性にしている、といったことが原因かもしれません。一方、ややアルカリ性に傾いた土を好む植物は少数派で、その代表はスイートピー。チューリップやピラカンサは、弱酸性から弱アルカリ性のどちらでもOKという感じです。

pH0	pH7	pH14
酸性	中性	アルカリ性

庭の土を
ふかふかにしよう

私の庭の土はもともと関東ローム層の土、いわゆる赤土です。大正時代に国府台辺りの台地を切り崩して、真間川沿いの低湿地を埋め立てて畑にした土地です。1m半ほど掘ると青黒い還元状態（註1）になった泥っぽい砂の層が現れます。

この赤土は周囲から飛んで来た砂埃（すなぼこり）が数万年にわたって草原に降り積もってできた土です。リン吸着というリン酸を固定してしまう厄介な性質をもち、貧栄養で、乾けばカチカチ、雨が降れば泥になる厄介な目の細かい土です。

それがいまではなかなかよい土になり、植物の成長にも問題ありません。もともとあった土に土壌を改良するための資材を加えて、欠点を補い、利点を伸ばした土壌改良の成果です。

具体的には、右の3つの土壌改良材を使用しました。まず、もとが砂埃の赤土に、どうにかして粒状になってもらわねばなりません。リン吸着の性質もなくなって欲しいところです。右の3つの土壌改良剤について、それぞれの特徴と目的を記します。

バーク堆肥

樹皮を粉砕して腐熟させた堆肥です。肥料気はほとんどありません。土壌に微生物の餌となる有機物を加えるために使用。粘質の土壌を改良するのによいものです。他の堆肥同様、リン吸着を抑制し、土壌生物を殖やして土の団粒化を促進させます。

バーク堆肥

パーライト

水はけの改善に使用。他の資材と違って鉱物質のものですから長年にわたって潰れることがありません。pH8で弱アルカリ性の資材です。肥料気はありません。真珠岩系と黒曜石系の2種類があり、真珠岩系は保水性に、黒曜石系は透水性に優れます。粘質の土を改良する、土壌の「骨材」としての効果を期待。

パーライト

籾殻くん炭

籾殻をじっくり焼いて炭化させたものです。pH8〜9、アルカリ性の資材で酸性土壌の矯正効果もあります。水はけの改善・土壌の団粒化・保肥力の向上などに効果があります。これ自体が多くの隙間をもち、微生物の住処となるので堆肥といっしょに使うと効果が高まります。有機質資材に分類されますが、砕けることはあっても分解されることはないので長もちします。

籾殻くん炭

註1　還元状態とは、水が多いなど何らかの理由で空気が遮断され酸素が不足し、酸化した物質（土壌の場合おもに酸化した鉄化合物）から酸素が分離される「還元」という現象が起きている状態をいう。土壌でこれが起こるとヘドロの臭いを発する独特の青黒い土となる。還元状態の土は極度の酸素不足のために根が窒息して腐ってしまうため、特殊な身体のつくりをしている一部の水生植物以外は生育できない。

バーミキュライト

ピートモス

石灰資材

腐葉土

牛糞堆肥

川砂

黒土

荒木田土

土を作るいろいろな資材

土壌改良はすぐに効果があるものではありません。真価を発揮するのはバーク堆肥のような有機資材が分解されて土に還る過程で周辺の土質が変化してきてからです。この過程で、土壌生物の作用によって土の粒が作られてゆきます。前ページの3つ以外にも、次のような資材があります。自分の庭の土がもっている利点を生かしながら、欠けているものを補うために、どんな資材が必要かをチェックしてみてください。

バーミキュライト

ヒル石という鉱物を高熱で処理したものです。とても軽く、空気をよく含み、無菌です。弱酸性で肥料気はほとんどありません。その性質を利用して、鉢植え用の用土に混ぜて軽量化と土質の改善に使われます。また挿し木苗床にも好適です。欠点はたいへん崩れやすいことで、1年ほどで粘土状になってしまいます。しかしその性質を利用して、砂質土壌の改良材に使われます。なお砂質土壌の改善にはゼオライトも使われます。

ピートモス

寒冷な地域でミズゴケが長年のうちに積もり積もって分解されてできたものです。肥料気はほとんどありません。水を含みやすく、繊維の塊のようなものですから土壌を柔らかく改良します。強酸性の資材ですから、酸性を矯正しないといけません。最近は石灰を混ぜた調節済みのものも市販されています。最近は湿原の保護のため世界的にピートモスの採取が制限されており、かわりにココヤシの殻を粉砕して作られた「ココナッツピート」があります。ピートモスよりもちがよく、酸度調節の必要がありません。環境保全の観点からも、こちらの利用を勧めます。

石灰資材（消石灰・カキ殻など）

いずれも土にカルシウムを補給し、酸性に傾いた土壌を調整するのに使われます。アルカリ分の高い順に生石灰（80％以上）・消石灰（60％以上）・炭酸カルシウムと苦土石灰（どちらも53％以上）・カキ殻（40％）などがあります。

腐葉土

クヌギやコナラなどの落葉広葉樹の落ち葉を積んで腐熟させたもの。ボロボロだが落ち葉の原型がうかがわれる程度のものが、ちょうどよい頃合いに腐熟したものです。良品は袋を開けると干し草のにおいがします。肥料分はほとんどありません。

牛糞堆肥

牛の糞を腐熟させた堆肥です。繊維質が多く、有機質肥料といってもよいくらい肥料分を含みます。ですので、牛糞堆肥を使う場合、その分肥料を割り引いて与えないと肥料が過剰になります。

砂類

川砂や朝明砂・矢作砂など花崗岩質の砂、鹿沼土や日向土・軽石・富士砂まで、様々な種類があります。川砂はいろいろな硬い岩が砕かれて細かくなったもので、花崗岩質の砂は石英が主で角のある重い砂です。鹿沼土や日向土・軽石・富士砂は火山の噴出物で、鹿沼土や日向土はそれらが風化して少し柔らかくなったものです。これらの砂類は肥料分をほとんど含まず、水分を保持しにくいのですが、通気性がよく、重粘土質の土壌を改良する時に使ったり、これらの砂を適宜混ぜ合わせてロックガーデン用の用土として客土したりします。これら砂類はほとんど弱酸性ですが、鹿沼土は強酸性、桐生砂は中性です。

黒土

森林や草原の腐植質が分解しきって少しずつ積もってできた土です。細かく粘質ですが、弱酸性の肥沃なよい土です。市販されているものは赤土に堆肥を混ぜて、形がなくなるまで腐熟させて作る、ある意味人工的な黒土です。これ単体だと水はけがあまりよくないので、他の資材と混ぜて使います。関東ローム層の表面にある黒っぽい土を俗に黒土と呼ぶことがありますが、これは黒ボク土といって別のものです。これは赤土が腐食質を含んで黒っぽくなったもので、実質的に赤土と変わりません。

荒木田土

川の下流域に堆積した弱酸性の重い粘土質の土です。これ単体だと水はけは最悪ですが、肥料もちは最高です。昔のものは繊維質が多く、乾かしたものを砕いて堆肥と混ぜるだけでよい土となったそうです。しかしいまはそんな良品はないので砂質土や堆肥などを混ぜて水はけを改善しないと使えません。逆にスイレンや蓮のような水生植物には好適です。

緑肥

水田のレンゲに代表される、生きた植物を利用するものです。多くの場合、刈り取って土に鋤き込み、土の中で1〜2カ月腐熟させて堆肥化します。鋤き込む際に石灰チッ素をいっしょに混ぜると腐熟が促進され殺菌・除草効果もあるので効果的です。植物の種類によっては特別な効果（マメ科のチッ素源、マリーゴールドのセンチュウ抑制など）もあります。目的にかなうものを選んでください。

● シロツメクサ
Trifolium repens

マメ科　宿根草（常緑）
花期4〜7月／高さ5〜10cm／幅30〜100cm

豊かな土壌を作る
踏んでも丈夫なグラウンドカバーにも

クローバーの名で親しまれている植物で、幸福の四つ葉を探した覚えのある方も多いでしょう。白いポンポンのような花が愛らしく、また踏みつけにもひじょうに強いのでグラウンドカバーに好適です。緑肥として、土壌の浸食予防にも大きな力を発揮します。適応性の幅はありますが、やや湿った重い土壌が好きで日なたで育てます。桃色の花を咲かせるものや、葉のきれいなものなど多くの栽培品種があります。

シロツメクサ（ホワイトクローバー）

こんな庭の土には何が必要？

家庭園芸で花木や草花を育てることを前提とした土作りの目安です。あくまで目安ですので、ご自分の庭の土作りは、実際に試しながらベストをめざしてみてください。

【 庭の土が砂質土だったら？ 】

水はけはよいはずですが、もとから貧栄養の上、肥料分の保持力が弱く、過度に乾きやすいので、そこを改善します。そのためにバーク堆肥か籾殻堆肥、あるいは肥料分のある牛糞堆肥を混ぜ、さらにバーミキュライトかゼオライト・籾殻燻炭・荒木田土か黒土のいずれかを混ぜます。火山灰など火山の噴出物が積もったものなら、さらにヨウリンや石灰資材も混ぜます。1m四方あたりバーミキュライトは1〜2ℓ、ゼオライトならその半分、籾殻燻炭は3ℓほど、堆肥と土は5ℓほどを目安に入れます。

【 庭がもと畑だったら？ 】

もと畑だった場所は極端に水はけが悪いということはないでしょうが、耕し過ぎて団粒が粉砕され、水が染み込みづらくなった畑もあります。バーク堆肥・籾殻堆肥などの堆肥、籾殻燻炭・パーライト（真珠岩系）を混ぜて耕し、緑肥などと合わせて土作りをおこないます。1m四方あたりパーライトは5ℓ以上、籾殻燻炭は1m四方で3〜5ℓほど、堆肥は1m四方で5ℓほどを目安に入れます。

【 庭がもと田んぼだったら？ 】

田んぼだったところは重粘土質で、肥料もちがよいのは利点ですが水はけが悪いので、これをどうにかしなければなりません。バーク堆肥・籾殻堆肥などの堆肥、籾殻燻炭・パーライト（黒曜石系）・砂を混ぜて耕し、緑肥などと合わせて土作りをおこないます。1m四方あたりパーライトは5ℓ以上、籾殻燻炭は3〜5ℓほど、堆肥は5ℓほど、砂も入れるなら5ℓを目安に入れます。もともとの地下水位が高く、土壌改良だけでは対応できない場合もありますから、土を15cm以上盛り上げた上げ床にして、排水を確保します。

草花の種播きを
マスターしよう

少なく見積もっても 8000年以上前から人類は種子を播いてきました。高度な技術が発達した現代でも実生は植物栽培の最重要の基礎技術です。小さな種子がかわいい芽を出して、双葉を広げ、本葉を出し、やがて可憐な花を咲かせる。その過程を見守ること自体が「園芸」の大きな楽しみです。植物の成長は、ごく普通のことですが、ときどき、生命の奇跡を目の当たりにしているような気持ちになります。スミレの種播きをマスターすれば、オダマキやフウロソウなど、いろんな宿根草の種播きに応用できます。植物を種から育てる楽しさを、ぜひ味わってみてください。

＊花壇用草花として大量に生産・販売されている種類の種子ならば、すでに播く前の事前処理がおこなわれているものが多いので、種袋に記載されている手順に従って播くだけです。

低温湿潤処理

ほとんどの植物の種子は生育に不適な条件では発芽しないような生理的な仕組みがあります。多くの場合は寒い時期に発芽しないようにするためのものです。種子の中に発芽を抑える物質が含まれていて、それがある限り発芽しないのです。このような物質は低温で破壊される性質だったりするので冬の間にその物質はすっかりなくなり、暖かくなると芽を出すわけです。温帯性の植物の種子の多くは、このような仕組みによって休眠しているので、一定期間、寒さにあたらないと発芽しません。これを人工的に再現するのが「低温湿潤処理」です。右ページの手順に沿ってやってみてください。

剥皮処理

フウロソウの仲間（ゲラニウム）など、種子の皮が硬くてそのまま播いても発芽しなかったり、発芽率がひどく悪い種類があります。そういった種類では「剥皮処理」という紙やすりなどで内部がわずかに見える程度に皮の一部を削り取る処理をします。これはアサガオでおこなわれる芽切り処理と同じです。そこの部分から水を吸って発芽できるようになるわけです。

播種床の準備

清潔な用土を用意します。種播き用として販売されているものはもちろん、赤玉土・鹿沼土の小粒、バーミキュライト、ピートモスも使います。細かい種の場合は用土に水苔の粉を混ぜるか、ピートモスを圧縮して作ったピート板というものを使ってください。発芽に時間のかかるものは鹿沼土の小粒のような時間が経っても崩れにくい用土を選びます。播種床には、実生用のトレー、小さめのプランター、または4〜5号の駄温鉢か中深か深鉢に用土を入れて播きます。発芽に時間がかかる場合があり、また一度に発芽せず数年にわたって発芽する場合もあるからです。用意した植木鉢に用土を入れ、水をかけて湿らせれば播種床の完成です。

種を播く

■いろいろな種の播き方

播き方には線状に播く「条（すじ）播き」、一定間隔をおいて点状に播く「点播き」、重なり合わないように薄くばら撒く「ばら播き」があります。種子が大きめのものは点播きで、細かなものはばら播きで、プランターや育苗箱なら面積が有効に使える条播きにすればよいです。条播きや点播きの場合は播く所にあらかじめ定規や棒で覆土の厚さ分の溝や穴をつけておきます。

■覆土

種子を播いたら覆土をします。覆土とは種子が乾燥しないように上にかける土です。これは苗床の土と同じものを使います。種子を播く時と同じ要領で土をかぶせます。覆土の厚みは種類によって異なりますが、基本として「種子の直径と同じくらい」と覚えておけばよいでしょう。種子が大型のものはその分厚くなりますから播種床を作る段階で土の量を加減しておいてください。逆に細かい種子の場合は播いたあと鉢の縁を数回叩いて、用土の粒の中に種子を潜り込ませます。

種子の中には暗発芽種子といって光のない条件でないと発芽しない種子があります。トマト・カボチャ・トウモロコシ・エンドウ・ケイトウ・シクラメンなどです。これらは覆土を5mm〜10mmぐらいの厚さにするか、光を遮ります。逆に光が当たらないと発芽しない種子もあります。光発芽種子と呼ばれるものです。イチゴ・バジル・ミツバ・シュンギク・マツヨイグサなどがあります。これらは覆土をしないでおきます。

■種播床を湿らせる

種子を播き終えたら、バケツなどに張った水の中に播種床を半ば沈め、種子を落ち着かせます。そして種子を播いた播種床が乾燥しないように新聞紙・板ガラス・透明なビニール・サランラップなどを使って播種床を覆い乾燥を防ぎます。暗発芽種子の場合は光を遮る新聞紙、光発芽種子の場合は光を通す板ガラスなどを使いましょう。完全に密閉すると蒸れてよくないので少しずらし、穴を開けておくなどして空気の流通を確保します。発芽するまで乾燥は厳禁です。1日 1回は見回って状態をチェックします。常にほんのり湿っているのが理想です。

早い種類は数日で発芽します。発芽が始まったら、播種床にかけていた覆いを外します。種類や栽培目的に合わせて、鉢上げをおこないます。

低温湿潤処理と種播きの手順

1 ジッパーつきのビニール袋に、小さじ1〜2杯分の川砂を入れる。

2 川砂を入れた袋に、だいたい20粒前後を目安に種を入れる。

3 霧吹きで砂を湿らせる。袋を振るとパサついているくらいの湿り具合に。

4 袋に、植物名と処理した日付けを書いたラベルをつけ、冷蔵庫で保管する。

5 3号鉢に赤玉土を入れ、冷蔵庫から出した種を触れ合わないように播く。

6 鉢をトントンと軽く上下させ、種を土の粒の間に潜り込ませる。

7 バケツに鉢の半分の高さまで水を張り、鉢をしずめて土に水を吸わせる。

8 湿らせた新聞紙をかけて、急激に乾燥しないように保護する。

●**アリアケスミレ**
Viola betonicifolia var. *albescens*
白地に薄く青紫色が入る花を咲かせるが個体によってかなり差があり、写真は薄いほう。無茎種。

発芽したら、新聞紙を取り除き日に当てて、様子を見ながら水をやる。

＊低温湿潤処理の方法は難しいものではありません。ジップロックのビニール袋に湿らせた川砂かパーミキュライト・ピートモスを入れて種子を混ぜ、それを冷蔵庫に入れて1〜3ヶ月保管するだけです。あとは、普通に種を播けばOKです。

＊発芽は、おおよそ2週間から1カ月後になりますが、遅れて芽を出すものもあるので、発芽率が悪い場合は、苗床を片づけてしまわずに、一年間は様子を見るとよいでしょう。

植物を挿し木・挿し芽で
殖やして楽しむ

日本人は種を播くより挿し木を好む、と書いたのは江戸時代の1775〜1776年に日本に来た偉大な植物学者のチュンベリー（ツンベルク）博士です。挿し木は、レンギョウやオウバイなど、成功率の高い種類の植物ならば、いい加減に切った枝を地面に無雑作に挿しただけで根がつくので楽しいものです。バラやオリーブ、アジサイなども、比較的、挿し木でつきやすい植物です。気に入りの植物を挿し木で殖やすことに成功すると、「庭友」たちと、気軽に植物の交換もできます。ぜひ、挿し木に挑戦してみてください。

挿し木・挿し芽とは？

挿し木（挿し芽）は植物の枝を採って、それを土か水に差して切り口や下部の節から根を出させて新しい独立した個体を得る方法です。慣習的に木の場合は挿し木、草の場合は挿し芽と呼んでいますが同じことです。挿すのが茎ではなく葉でおこなうなら葉挿し、切り取った根でおこなうなら根挿しといいます。これらも原理的に挿し木と同じものです。

挿し木は発根させるホルモンが切った部分の下のほうに溜まり、発芽させるホルモンが上のほうに行く性質を利用しています。切り口のところで発根させるホルモンが行き場を失って溜まり、そこに切り口を塞ごうと新しい組織が産まれる過程で根が再生し新しい株ができるわけです。挿し木を成功させるのは、次の6つのポイントがあります。

挿し木を成功させる6つのポイント

1 挿し穂を萎れさせない。

萎れてしまっては根づく前に枯れてしまうからです。挿す前の水揚げをしっかりおこないます。

2 挿し穂が腐らないようにする。

清潔な苗床を使い挿し穂が腐らないようにすること。切り口が雑菌の入り口になってしまうため、用土は雑菌の少ないものを使い、道具類は消毒しておきます。

3 鋭利な刃物で切る。

挿し穂の切り口はカッターやナイフなどの鋭利な刃物で切り返すこと。どんなよいハサミでも切り口は押し切られる形になるために、切り口が潰れるからです。潰れた組織からは再生組織が発達しないか、発達が遅いために、ナイフやカッターを使います。

4 健康な株から枝を採取する。

病気などを持っていない健全な株から枝を採取すること。親株がウィルスなどの不治の病気に感染していると、子もそれを引き継ぐためです。

5 目的に合った挿し穂の取り方をする。

例えばスタンダード仕立てにしたいのに、挿し穂がグネグネ曲がっていると面倒です。いっぽう、盆栽にしたいのならば真っ直ぐな枝では困ります。斑入りの枝を殖やしたいのに、青葉の枝を採っては無意味です。何のために挿し木をするのか、ということを念頭においてください。

6 適切な時期に挿し穂を取る。

挿し穂を取る時期は、挿し木の成功率に関わります。切り口からの再生する能力、いい換えれば発根率は若い組織であればあるほど優れます。しかし、あまりにも若い柔らかな枝では雑菌に犯されやすく腐ってしまうし、萎れやすく発根までもちません。逆に成熟した枝では組織が堅く雑菌に侵されにくいのですが、発根しにくい、あるいは発根する能力を失ってしまっている場合すらあります。萎れたり腐ったりしない程度に堅く、それでいて発根能力をじゅうぶんにもっている若い頃を見計らって挿し穂を採らねばなりません。日本では多くの植物で挿し穂の採集適期が5〜6月に当たります。「梅雨時は挿し木のシーズン」というのは湿度が高く挿し穂が萎れにくいことに加え、ちょうど多くの植物で挿し穂の採集に適した枝の状態になる時期だからです。

さらに！
挿し木や挿し芽を成功に導く
2つのコツ

1　葉を少し切り落とす。

挿す前に葉を少し切り落として萎れるのを防ぎます。切る葉の量は全体の3分の1から半分を目安に。なぜ葉を切るのかというと、植物が吸い上げた水の消費場所は葉だからです。ならば葉を全部むしればよいではないか、と思われそうですが、しかし、発根ホルモンが作られるのは葉なのです。つまり葉がないと根が出にくい・出るのが遅い、ということになり、最悪の場合発根せずにそのまま枯れてしまいます。そこで水の消費を抑えつつ、発根ホルモンを作らせるために葉を残さねばならない…。難しい二律背反を迫られるわけです。その時の気象や置き場所、種類によってどの程度葉を残せばよいかということは、経験を要するところです。

2　密閉挿しで萎れるのを防ぐ。

とくに萎れやすいもの・発根に時間がかかるものには「密閉挿し」という方法を使います。透明な容器（フタつきの台所用洗い桶・上下ふたつに切ったペットボトル・透明なビニール袋など）に挿し木がすんだ挿し床を入れ、閉じて置きます。こうすると中は湿度100％の状態になりますから挿し穂が萎れません。ときどき水を補給します。挿し穂や挿し床は事前に消毒しておくとなおよいです。大きめの植木鉢を使い、上にガラス蓋を被せてもよいでしょう。

＊このように書くと、挿し木は少し難しいように思えるかもしれませんが、要は健全な株からよく切れる刃物でほどほどに若い枝を採り、清潔な苗床に挿す、それだけの作業です。挿した後は水を与え、あまり風の当たらない明るい日陰に置いて発根・成長を待ちます。やってみると、案外簡単なので、まずは試してみてください。

●オリーブ

Olea europaea
モクセイ科　果樹（常緑）
花期5〜6月／高さ2〜20m／幅1〜10m

銀灰色の葉が通年美しく、秋には実の収穫を楽しめる

明るい地中海のイメージと、滋味豊かな果実、濃緑と白い裏との取り合わせが美しい葉が魅力の人気果樹です。少なくとも紀元前3000年頃から栽培されてきました。たいへん丈夫で日当たりと、風通しのよい場所、水はけのよい土壌を好みます。ほとんど丸坊主にするような強剪定にも耐えるので狭い場所でもなんとかなりはしますが、ひじょうに長命で数百年を楽に生きる樹木ですから余裕のある場所に植えたいものです。自家受粉しにくい時は、違う品種を2本以上植えると実をつける確率が上がります。唯一の致命的な害虫・オリーブアナアキゾウムシにだけは注意してください。株元にオガクズのような木屑が落ちていたら、木肌をよく見てぼこぼこと荒れた部分を探し、ドライバーなどでかきだし、幼虫や成虫を見つけて捕殺します。

花期の長い植物を選んで
手のかからない「花の庭」を作る

庭を作るなら、せっかくですから一年を通して楽しめる庭がよいと思います。さらに、できるだけ手のかからない庭のベースを作っておけば、いつでも余裕をもって庭を楽しむことができます。そんな庭を作る秘訣は、じつは極めて簡単です。草花には四季咲きに近いものや、花期がひじょうに長いものがあります。ずっと咲いていてくれるそれらの植物を庭に入れておけば、それほど手をかけなくても、いつも、何かしら花が咲いている楽しい庭になります。

●①エリゲロン
カルヴィンスキアヌス
Erigeron karvinskianus
キク科　宿根草
花期5〜10月
高さ10〜20cm幅20〜50cm

自然な雰囲気を作る
庭のベストパートナー

メキシコ〜中米原産で山地に生えます。とても丈夫で、暑さに強く、温暖地ならば冬まで咲き続けることもあります。花色は最初白く、だんだんピンクに変わります。日なたの石垣の隙間のような狭くて乾燥しがちな場所に向いています。こぼれ種で殖え、自然な雰囲気を庭に添えてくれます。

●②ブラキカム ムルティフィダ
Brachyscome multifida
キク科　宿根草
花期5〜10月
高さ10〜20cm／幅20〜30cm

かわいい花を
長く咲かせるキク科の植物

オーストラリア東部原産の植物です。オーストラリア産の植物は、リン酸肥料と過湿にひじょうに弱く、リン酸を含んだ肥料が禁忌ですが、ブラキカム ムルティフィダは雨に強くリン酸肥料に耐えます。摂氏0度以下に耐える宿根草とはいえ温暖地向きです。寒冷地では鉢植えにして冬は凍らない程度に保温してください。日なたで育て、うどん粉病が出る時は、風通しがよく、雨を避けられる場所に移します。

●ヘリオプシス ヘリアンソイデス
ローレン サンシャイン（'ヘルハン'）

Heliopsis helianthoides Loraine Sunshine ('Helhan')

キク科　宿根草

花期6～10月／高さ90cm／幅30～50cm

ライムイエローの葉が
暑い夏に涼しさを運ぶ

しばしば姫ひまわりの名前で一重や八重咲きの栽培品種が販売されています。これはそのひじょうに派手な斑入り品種です。明るい葉色のカラーリーフとしても楽しめます。とても丈夫で、夏も元気に黄色い花を咲かせます。成長が緩やかで、殖えるのも遅いので密植すると負けてしまいます。北米大陸の東部から中部の草原に生えます。

●ランタナ

Lantana camara

クマツヅラ科　低木・熱帯植物

花期5～11月

高さ50～150cm／幅30～200cm

暑い夏にへこたれず
変化する花色がかわいい

中米から南米原産で、最近は夏花壇の定番になりました。色合いが変化する花がかわいく、斑入り種もあります。暑い夏に少しもへこたれず、萌芽力も強いので温暖地ならば生垣や庭木として楽しむこともできます。熱帯地域ではガジュマルやブーゲンビレアと並んで盆栽の定番です。ただ世界中で最悪の雑草と呼ばれる植物でもあるので、剪定クズを野外に捨てたり、コントロールできない場所に植えてはいけません。日本でも近年、雑草系のランタナが殖えつつあり問題になっています。雑草系は成長が早く、茎にトゲがあり、咲いた花はほとんどが果実になるなど、園芸系統とは違った性質があります。近縁のモンテヴィデンシス（コバノランタナ）*L. montevidensis*は這うように広がり、グラウンドカバーとして優秀です。あまり枝が出ないので最初は摘芯を繰り返して枝を増やします。

●ペチュニア

Petunia

ナス科　一年草

花期5～11月

高さ10～30cm／幅15～100cm

豊富な色の
ラインナップを楽しめる

南米原産の数種が基になって作られた園芸植物です。日本で育種が精力的に進められた背景から日本の気候によく合っています。とはいえ大輪系、八重咲きのものは雨で花が傷みやすいので花壇より鉢植えにして雨を避けるとよいでしょう。各社から発売されている小輪多花性の栽培品種は雨に強く花壇向けです。

●ガウラ

Gaura lindheimeri

アカバナ科　宿根草

花期5～10月

高さ30～150cm／幅30～100cm

風に揺れる花が
白い蝶のように舞う

アメリカ中南部の原産で明るい草原に生えます。風に大きく茎を揺らすと、白い花が蝶が舞うように見えるところから白蝶草と呼ばれます。ほとんど雑草のような強さで乾燥や貧栄養などの悪条件に耐えます。咲き進むと花がまばらに見えるので、そうなったら刈り込んで仕立て直します。鉢や小さな花壇なら矮性品種を選ぶと収まりがよい。

●プルンバゴ（ルリマツリ）

Plumbago auriculata (syn. Plumbago capensis)

イソマツ科　つる性樹木・熱帯植物(低温性)
花期5〜10月／つるの長さ2〜3m

きれいな水色の花が
初夏から秋まで咲き続ける

南アフリカ原産です。多少の霜には耐えられるので、温暖地では北風を避ければ屋外でも大丈夫、冬を越せます。きれいな水色の花はあまり類を見ず、しかも色褪せしないし丈夫だし花つきもよし、と文句なしです。白花もあります。ときどき刈り込んで枝を増やしながら、大きな株に育てると、見応えのある景観を作ります。

●ロベリア

Lobelia erinus

キキョウ科　一年草
花期5〜10月／高さ15〜30cm／幅30cm前後

青・紫系の花色の深さが
ピカイチの一年草

南アフリカ原産です。春から秋まで長く咲く花の中で、たぶんもっとも青・紫系の色彩に秀でているものでしょう。極端な乾燥は嫌い、高温多湿にも弱いので、できれば長雨は避けたいところです。一株で結構広がりますし、蒸れて腐ることがあるので密植せず株間を空けて植えます。

●ヴィオラ

Viola x wittrockiana

スミレ科　一年草
花期10〜5月／高さ10〜30cm／幅10〜20cm

花の少ない冬の庭を
華やかに彩る

誰もがよく知る、秋春ものの草花の代表種です。ほぼすべての花色があり、じつに多種多様です。花が少なくなる時期に途切れず、華やかで、寒さに強く、となるとほぼこれ一択となります。安価なのでコストパフォーマンスの高さも最高です。花弁にフリンジの入るものなど、魅力的な新品種が次々に発表されます。

●サルビア'インディゴ スパイアー'（ラベンダー セージ）

Salvia 'Indigo Spires'

シソ科　宿根草・一年草
花期6〜10月／高さ90〜120cm／幅50〜80cm

丈夫でよく育つので
早めに切り戻して楽しむ

夏花壇の定番、サルビア ファリナセアを大型にしたようなサルビアです。鉢植えよりも地植え向き。耐寒性の限度については諸説あり、どちらかといえば温暖地向けでしょうか。寒冷地では夏過ぎに挿し芽で苗を作って凍らない程度に保温して冬越しさせるか、一年草として扱うかになるでしょう。

●サルビア ミクロフィラ（チェリー セージ）

Salvia microphylla

シソ科　低木・熱帯植物
花期5〜11月／高さ50〜120cm／幅50〜120cm

温暖地では一年中咲く
丈夫で花色豊富なサルビア

メキシコから中米原産で山地に生えます。近縁種との交配によっていろいろな花色があります。温暖地ではほぼ一年中咲いています。剪定は伸びすぎた枝を切り戻したり、枯れ枝や不要な枝を取り除く程度でじゅうぶんです。葉のない部分で切ると芽が出ずに枯れることがありますから、大きくなってから強剪定という方法はお勧めしません。

日本の暑い夏を
ものともしない植物

暑い夏の時期は、多くの植物にとって、一年のうちでもっとも過ごしにくい季節です。一方で、夏の暑さ大歓迎の植物もありますから、そんなふうに夏に強い植物を見つけておくと、夏の間も花を絶やすことなく過ごせます。右の写真は、オレンジ色のジニアと黄色のマリーゴールドの花を使った寄せ植えです。ジニアもマリーゴールドも、花期が長く、夏に強い丈夫な花です。初夏から夏にかけて、フレッシュなビタミンカラーの空気を運んでくれます。

「フローラ黒田園芸」黒田健太郎さんの初夏の寄せ植え。

●メランポディウム ディヴァリカツム
‘カジノ レモン’
Melampodium divaricatum ‘Casino Lemon’
キク科　一年草
花期5〜9月／高さ30〜50cm／幅30〜50cm

ローメンテナンスの庭に重宝する

原産地は日本の夏の気候によく似たメキシコ〜中米なので、夏の暑さをものともしません。‘カジノ レモン’は、もともとタキイ種苗で広い花壇用として開発された栽培品種で、全体に大きめです。明るいクリームイエローの花が爽やかな印象を与えます。放っておいてもきれいな半球状に育ち、花がら摘みの手間もいらないのでローメンテナンスの庭に重宝します。どういうわけかメランポディウムにはキク科植物の大害虫・アワダチソウグンバイの被害がないので、この害虫が猖獗を極めてヒマワリがまっ白になって枯れてゆく筆者の住んでいる地域でもまったく変わることなく花を咲かせます。

●ゴンフレナ‘ファイヤーワークス’（センニチコウの仲間）
Gomphrena ‘Fireworks’
ヒユ科　一年草
花期6〜10月／高さ50〜80cm／幅30〜60cm

育てば育つほど
花数が増えてゆく宿根草

出所不明の植物ですが、いまや世界に普及しています。花期が長く、暑さに強く、これといった病害虫もなく、優秀な草花です。華奢な茎が二股に分かれながら花をつけ、次々に咲いてゆきます。そのままドライフラワーになる花ですから、花はしおれたり枯れたりせず、育てば育つほど花数がどんどん増えてゆくというわけです。

●ヒャクニチソウ（ジニア エレガンス）
Zinnia elegans
キク科　一年草
花期5〜10月／高さ30〜100cm／幅20〜50cm

花壇用の草花として
長く親しまれてきた植物

あまり認識されていませんが、ヒャクニチソウはダリア並みに花色が豊富で形もいろいろあります。日なたで育て、花が終わったら、切り戻して枝を出させます。蛇の目模様にオレンジや黄色の強烈な印象の Z. haageana や高さの低い小輪多花性の Z. linearis もよいものです。メキシコ原産。

29

植物の高さと
ボリュームを考える

植物が育った時のサイズをチェック

植物を植える時には、それぞれの植物が育った時の最大サイズをチェックしておくことが必要です。「大きくなりすぎたら切って小さくすればいいじゃない」と思いがちですが、植物によって「だいたいこれくらいまで大きくなる」というのは決まっているので、無理矢理抑えようとすると植物自体に苦難を強いることになります。あまり意識されないことですが、基本的に植物は、地上部に対して根っこの部分が同じだけあるということを頭に置いておきましょう。大型の植物を小さなスペースに植えると、根をじゅうぶんに張れないため、植えた1年目はなんとかもっても、いずれ自分の体を維持できずに枯れてしまいます。逆に根の力が強いものは、水道管などのライフラインを破壊するおそれもあります。そこでこの場所にはこのくらいのキャパシティがある、というのを明確にしておいて、それから植物を選ぶことが必要です。植えたい植物のだいたいの高さと葉張りを知っておきましょう。

サイズを考えずに植えると…

サイズを考えずに、たとえばシマススキのきれいな葉が気に入って、小さなスペースに植えたとします。シマススキはすぐに大きくなって園路にはみ出し、たまたまそこを通った小さなお子さんがススキの葉の縁に触れて顔や手を切ったりする、ということにもなりかねません。
植栽の見た目の美しさという観点からしても、それぞれの植物が、その植物本来の魅力をじゅうぶんに発揮できるスペースの確保は重要なポイントです。

株をリセットして長く楽しむ

わかってはいるけれど、どうしても植物を密に植え過ぎてしまった……そんな時は、株が育って混み合ってきたところで、掘り上げて植え直しましょう。よい芽を選んで残し、いらないところを捨てて植え戻します。有機肥料を加えて、土壌改良もいっしょにしておくとよいでしょう。そうしてリセットすることで株を活性化させて長く楽しむことができます。

ジギタリス
100cm

ゲラニウム
50cm

ヘレボラス
30cm

サルビア ネモローサ
60cm

グレコマ
10cm

埼玉県川越市／秋山優子さんの庭

花穂を上げる植物

花穂を高く上げる植物は、庭を華やかに構成したい時に欠かせません。ジギタリスやデルフィニウムは、誰もが育ててみたくなる植物ですが、もともと冷涼な地域の原産ですから暑さが苦手です。寒冷地では宿根しますが、温暖な地域では、毎年、秋に苗を植えるほうがうまくいきます。暑さに強いのは南アフリカ原産のトリトマや、ビロードモウズイカの仲間のバーバスカム。ラークスパーは関東標準ではこぼれ種で殖えます。コスモスに似た細い葉を見ると、デルフィニウムと区別がつきます。北海道でよく見かけるルピナスは冷涼な地域に向く品種が流通していますが、暑さに強い種類のものも見かけるようになりました。中央〜西アジア原産のエレムルスは、乾燥地帯に咲く花なので、日当たりのよい乾いた場所を好みます。耐暑性をチェックして、庭の環境に無理のない植物を選んでおくと、美しく咲き、後の管理がラクです。

●ラークスパー

●バーバスカム

●ルピナス

●エレムルス

●トリトマ

●ジギタリス

● ハナトリカブト
（アコニツム カーマイケリー）
Aconitum carmichaelii
キンポウゲ科　宿根草
花期8〜10月
高さ 30 〜 150cm ／幅 30 〜 50cm

**秋の庭を華やかに彩る
きれいな紫の花穂**
中国に広く分布し、標高 100 〜 2200m の林縁や藪、草原に生えます。やはり猛毒ですので口にしないよう、不特定多数が触れる場所や子供のいる家庭での栽培は避けたほうがよいでしょう。

● デルフィニウムの栽培品種
Delphinium
キンポウゲ科　宿根草・越年草
花期5〜7月／高さ 30 〜 200cm ／幅 30 〜 100cm

冷涼な地域で美しい「青」の花を咲かせる
澄んだ青や群青・青紫・水色の花が多数咲くデルフィニウムは、他に代え難い美しい草花です。寒冷地では夏花壇の主役になれます。惜しむらくは高温に弱いため温暖な地域では真価を発揮し得ないことです。耐寒性は極めて強いかわりに暑さに弱いため、日本の大部分の地域では夏に枯れてしまいます。秋に苗を買ってきて越年草として取り扱うのが現実的です。日なたか、午前中日の当たる明るい日陰で育て、いつも適度に湿った水はけのよい肥沃な土壌を好みます。中性から弱アルカリ性の土壌を好みますから、植える前に石灰などのアルカリ化資材を施しておきましょう。

第2章　「暮らしの庭」の花と葉と木

明るい日差しの中で、季節の草花が自然な感じで咲いている庭先の光景ほど魅力的なものが他にあるでしょうか？ 日本でもイギリスでも、農家の小さな庭に咲く花々は、暮らしの中で長く愛されてきた丈夫で可憐な植物という点が共通しています。そんな「普段着」の庭の草花に、少しモードな新顔の植物も加えて、毎日の暮らしの庭を楽しく彩ってくれる花と葉と木を集めました。

埼玉県／グリーンローズガーデンのチョウジソウとクサソテツ。

春を呼ぶ球根植物

冬色の庭に「春」を引き寄せるように、いち早く咲く水仙。続いてプスキニアやシラーが、早春の光の中で次々に咲いてゆきます。4月が近づくと、そろそろチューリップ。植えっぱなしで、毎年咲く水仙やムスカリ、ヒアシンソイデスなどを選べば手もかかりません。約束通り芽を出してくれる球根植物は春の大きな楽しみです。

●ナルキッサス‘テータ テート’

Narcissus 'Tête á Tête'
ヒガンバナ科　球根植物
花期2月／高さ15〜20cm／幅10cm前後

**植えっぱなしにできる
いちばん丈夫な水仙**

まだ凍りつく1月に鮮やかな緑の芽を出して、2月になるとさっそく咲いてくれるのが、この水仙です。キクラミネウス系の水仙の中でもっとも丈夫で育てやすく、植えっぱなしにできます。花後の葉がだらしないからといって切ったりすると衰弱して花が咲かなくなりますから、そこは大目に見てやってください。

●プスキニア スキロイデス‘アルバ’

Puschkinia scilloides 'Alba'
キジカクシ科（ヒアシンス科、ユリ科）　球根植物・高山植物
花期2〜3月／高さ5〜15cm／幅3〜10cm

**春、真っ先に咲き出す
氷河のような青い花**

氷河の奥深くのような薄い青色の花が、春が来ると真っ先に咲きだします。水切れには弱いので、葉のある時期はじゅうぶんに水を与え、葉がない時期も鉢植えなら月に一度は軽く水を与えて湿らせます。掘り上げて保管すると夏の間に「干物」になりますから、鉢ごと雨のかからない場所に置くか、地面に植えたままにします。

●シラー シベリカ

Scilla siberica
キジカクシ科（ヒアシンス科、ユリ科）　球根植物・高山植物
花期2〜3月／高さ5〜15cm／幅3〜10cm

**早春に、いち早く
青い花を咲かせる**

普通栽培されているのは‘スプリング ビューティー Spring Beauty’という花色の濃い栽培品種です。白花品もあります。育て方は、プスキニア スキロイデスに準じます。すぐに実を結ぶので、種を播く気がなければすぐに摘んで球根を太らせます。名前はシベリカなのに、実際の原産地はクリミア半島とイラン北西部です。

●アリウム トリクエトルム

Allium triquetrum
ヒガンバナ科(ユリ科)　球根植物
花期4〜5月／高さ15〜30cm／幅20cm

**かわいい顔をして
猛烈に殖えるアリウム**

植えっ放しで毎年咲く、扱いやすい秋植え球根です。夏前に休眠に入ります。種子と球根で猛烈に殖えるので、庭でも意図した場所以外に生えてきたら抜き捨てるか、欲しい場所に移植してください。野外に捨てないことも大切です。猛烈に殖えて、コントロールできなくなります。地中海地方の森林や湿った草原などに生えます。

●ムスカリ アルメニアカム

Muscari armeniacum
キジカクシ科（ヒアシンス科、ユリ科）　球根植物
花期4〜5月／高さ15cm前後／幅15cm前後

**植えっぱなしで、
長年楽しめるムスカリ**

数あるムスカリの中でもっとも丈夫で、日本の気候に合っているので、地植えにしたままで長年楽しめます。濃い青紫色のものだけでしたが、白花・桃色・空色とバリエーションが増えて使いやすくなりました。葉がデロンと長くなってだらしない、といわれることがありますが、この植物の優秀さに免じて大目に見ていただきたいところです。

● **チューリップの栽培品種**

Tulipa

ユリ科　球根植物

花期3〜5月上旬／高さ15〜60cm／幅10〜20cm

早生、中生、晩生を組み合わせて長期間楽しむ

チューリップは系統や品種によってかなり大きさや開花期が違います。3月下旬から4月上旬に咲く早生、4月中下旬に咲く中生、4月下旬から5月上旬に咲く晩生です。咲く時期をじょうずに組み合わせると、チューリップ花壇を長く楽しめます。早生にはフォステリアナ系、中生には大輪のダーウィン ハイブリッド系・葉に紫色の模様が入るグレイギー系、晩生にはパーロット・ユリ咲き・フリンジ咲き、緑の条が入るヴィリディフローラ系などおもしろい形の品種群があります。

● **チューリップ 'スプリング グリーン'**

Tulipa 'Spring Green'

ユリ科　球根植物

花期4月／高さ15〜60cm／幅10〜20cm

掘り上げなくても毎年咲いてくれる品種を選ぶ

緑色のラインが入った白いチューリップ 'スプリンググリーン' は、植えっぱなしにしても球根が残る確率が高く、ここグリーンローズガーデンでは、翌年、8割以上がちゃんと花を咲かせてくれるそうです。掘り上げる手間を気にしないですむぶん、つきあいやすいチューリップです。チューリップを引き立てる青い小花はワスレナグサ 'ブルームッツ'。高性で30〜40cmになり、切り戻して長く楽しみます。

● **ヒアシンソイデス × マッサルチアナ**

Hyacinthoides × massartiana

キジカクシ科（ヒアシンス科、ユリ科）球根植物

花期4〜5月／高さ20〜40cm／幅30cm前後

一度植えると自然に殖える可憐なベル型の花

ヒアシンソイデス ノンスクリプタ *H. non-scripta* とヒアシンソイデス ヒスパニカ *H. hispanica* との雑種です。球根を植えると、毎年殖えて、自然に広がります。古い学名のシラー カンパニュラータの名で販売されていることがよくあります。流通名は混乱していて、イングリッシュ ブルーベルの名で呼ばれることもあります。

● **ミオソティス アルペストリスの栽培品種**

Myosotis alpestris

ムラサキ科　一年草

花期3〜5月／高さ15〜25cm／幅15〜25cm

球根植物を引き立てる
ミオソティス アルペストリス

忘れな草と呼ばれるこの花は、青、ピンク、白の花色をもち、球根植物とマッチして、すばらしく美しい光景を作り出します。ただし真のワスレナグサはミオソティス スコルピオイデス で、川辺や浅い水中に生えるヨーロッパ原産の水生植物です。

バラといっしょに
美しいシーンを作る植物　その1

4月末から6月にかけて、樹々は瑞々しい新緑をまとい、様々な種類のバラが次々に開花期を迎え、庭が1年のうちで、もっとも美しく輝く季節がやってきます。庭を讃えるファンファーレが日本中に鳴り響くようなこの季節に、咲き誇るバラといっしょに、どんな植物を組み合わせましょう？ 花の色や形はもちろん、高さやボリュームをよく考えてバラと組み合わせる植物を選びます。

ガーデンカフェ・グリーンローズの窓辺。窓の外に咲く白いバラはロサ ムリガニー。

左手前の藤色、青、水色の花穂はデルフィニウム'キャンドル'。右側の白、ピンクの花穂はジギタリス'パムズ チョイス'。ドームの白いバラは'つるアイスバーグ'。

●デルフィニウム'キャンドル'
Delphinium 'Candle'
キンポウゲ科　宿根草・越年草
花期5〜7月／高さ30〜200cm／幅30〜100cm

耐寒性は強いけれど暑さに弱い

澄んだ青や群青・青紫・水色の花が多数咲くデルフィニウムは、他に代え難い美しい草花です。惜しむらくは高温に弱いため温暖な地域では真価を発揮しにくいことです。中性から弱アルカリ性の土壌を好みますから、植える前に石灰などのアルカリ化資材を施しておきます。暑さに弱く、日本の大部分の地域では夏に枯れてしまうため、秋に苗を買ってきて越年草として取り扱うのが現実的です。

●ジギタリス'パムズ チョイス'
Digitalis 'Pam's Choice'
オオバコ科(ゴマノハグサ科)　宿根草・高山植物
花期5〜6月／高さ60〜150cm／幅30〜50cm

水はけのよい土で植えれば暖地でもOK

交配種はジギタリス パープレア *D. purpurea* を基にしているので、暑さに弱く暖地では短命に終わりやすいですが、高山植物を植えるような山砂系の土壌を客土して植えれば、暖地でも長生きしてくれます。他の種は降水量の少ない地域の原産で、しかも水はけのよい場所に自生している種ですから、同じようにします。この仲間は有毒で、植物体全体に強い毒をもっているので注意が必要です。

●日なたが好き　●日なた〜明るい日陰が好き　●明るい日陰が好き　●明るい日陰〜日陰が好き

●トウギボウシ'エレガンス'

Hosta sieboldiana 'Elegance'

キジカクシ科（ユリ科・リュウゼツラン科）　宿根草

花期5〜10月／高さ15〜200cm／幅10〜200cm

ギボウシの仲間は日本特産の種が多い

毎年、たくさんの栽培品種が発表されますが、定評のある品種を選べば失敗することはないでしょう。基本的に、斑の面積が広い品種ほど弱体だと考えてください。大きさが品種によってかなり違います。高さ20cmまでの小型の品種は基本的に鉢植えとし、大型の品種は1m四方ぐらいの場所を最初からみておいてください。冬に地上部がなくなった時、寂しく見えないようにする対策も必要です。

●アリウム ギガンテウム

Allium giganteum

ヒガンバナ科（ユリ科）　球根植物

花期5月／高さ90〜120cm／幅30cm 強

花が咲く頃に茶色く枯れる葉をじょうずに隠すのがポイント

土壌は中性から弱アルカリ性を好みますから、植える前に石灰などのアルカリ化資材を施しておきましょう。ネギの仲間はおもしろい種が多く、育ててみると楽しいです。花が咲く頃に葉が茶色く枯れてくるので、枯れた葉をうまくカバーするのが腕の見せ所です。こちらの庭ではカモミールと組み合わせてじょうずに隠しています。関東標準では、球根は掘り上げるか、毎年、新しく購入が必要です。

●ジャーマン カモミール（カモミール）

Matricaria chamomilla

キク科　一年草・ハーブ

花期4〜5月／高さ30〜60cm／幅30cm前後

**ストレス回復に効く
カモミールのお茶**

ユーラシアの温帯地域に広く分布する一年草で、よく知られたハーブです。繊細な枝葉と白い花が美しく、お茶にして飲むと、ストレス回復に効くといわれています。基本的に種は秋に播いて春に咲かせますが、寒冷地では春播きにして夏に咲かせてもよいでしょう。ローマン カモミール *Anthemis nobilis* は宿根草で6〜7月に開花します。

●プリムラ マラコイデス

Primula malacoides

サクラソウ科　一年草（越年草）

花期4〜5月／高さ15〜40cm／幅10〜30cm

**春の庭をピンク色に染める
丈夫な秋播き一年草**

一年草ですから、毎年夏過ぎから初秋に種を播いて育てます。こぼれ種に任せてもよいでしょう。かわいいピンク色の花が咲き始めると、庭に春がやって来ます。白っぽい粉がアレルギーの原因になる人もいますから、思い当たる人は白粉のない品種を選んでください。中国雲南省などの湿った原野や林縁に生える植物です。

バラといっしょに
美しいシーンを作る植物　その2

バラは生育時にたくさんの光を必要とするため、近くに植える草花が光を遮らないように高さやボリューム、植える位置を考えます。そして、せっかくバラと美しくマッチする草花を選んだつもりでも、バラの咲く時期と開花のタイミングがずれてしまうとがっかりです。バラに届く光を遮らず、開花のタイミングが合うことが、バラと組み合わせる植物に必要な2つの条件です。

淡く優しいピンクのバラ、スキャボロ フェアーの足元に咲くビスカリアとオルラヤ。バラと合わせる草花は、バラに届く光を遮らない草丈のものを選んで。

●クレマチス‘カール’
Clematis 'Kaaru'
キンポウゲ科　宿根草
花期5〜10月／つるの長さ2〜3m

**クレマチスの花がバラを
覆ってしまわないように注意！**

クレマチスのように、空中で花を咲かせるつる性の植物は、バラと組み合わせるとすばらしい光景を作り出します。写真の小輪のバラ、バレリーナに中輪のクレマチスというように、花のサイズを変えた組み合わせもきれいです。ただし、‘カール’をはじめ、花つきのよいクレマチスをバラと組み合わせる時には、バラを覆ってしまわないように、クレマチスのつるを逃す場所を用意する必要があります。

●シレネ コエリ-ロサ（ビスカリア、コムギセンノウ）
Silene coeli-rosa (syn. *Viscaria oculata*)
ナデシコ科　一年草
花期4〜6月／高さ30〜60cm／幅30〜50cm

**光沢のある青い花が
バラを美しく引き立てる**

地中海地方西部の温暖な地域の原産で、草原や畑の脇などに生えます。秋播き一年草です。弱アルカリ性の水はけのよい土壌を好み、日なたで育てます。写真の 'Blue Angel' が人気です。花色はピンクを基本として白や濃桃色・藤色もあります。性質の似ているジャーマンカモミールやヤグルマギク・ヒナゲシと混植すると楽しいでしょう。

●ポレモニウム カルネア‘アプリコット デライト’
Polemonium carneum 'Apricot Delight'
ハナシノブ科　宿根草・高山植物
花期4〜6月／高さ40〜50cm／幅30cm 前後

**花色が可憐な
西洋ハナシノブ**

この種は花色の幅があるのですが、‘アプリコット デライト’は黄色味を帯びたピンク色に固定したものです。薄紫色で咲き始めますが品違いだと慌てないでください。比較的寿命が短いので種を播いて更新します。水はけのよい土壌を好みますが極端な乾燥も嫌います。競争力も強くないので密植を避け通風と日差しを確保します。

●フロックス ピロサ

Phlox pilosa

ハナシノブ科　宿根草
花期4〜5月／高さ30〜45cm／幅30cm

ナチュラルな雰囲気が魅力
人気の宿根フロックス

バラの咲く時期と、開花のタイミングを合わせやすい宿根タイプのフロックスです。花色はピンク色が標準で白花もあります。丈夫で育てやすく、庭に植えると、野原のようなナチュラルな雰囲気を添えてくれます。種子か株分けで殖やします。水はけのよい土を好みます。北米大陸東部の森林や草原に生える植物です。

●アノダ クリスタータ

Anoda cristata

アオイ科　一年草
花期6〜9月／高さ60〜100cm／幅30〜60cm

クリアな光沢のある花が
暑い季節を涼しく爽やかに

栽培されているものは花が大きいタイプです。白花や薄い青紫、葉に赤い筋の入る品種もあります。花は一日花ですが、次々と切れ目なく咲くので夏花壇に重宝します。北米大陸の温暖な地域から中米・南米・西インド諸島にかけて広く分布し、荒れ地や農地に生えます。温暖な地域だと数年生きることもあるようですが、種を播いて更新します。

秋バラの季節を彩る花と葉

秋バラの咲く9〜10月は、1年のうちで庭が迎える2度目のハイシーズンです。夏が過ぎると、すぐに秋が来て冬になるヨーロッパに比べると、秋のバラが咲く期間も日本のほうがずっと長く、「庭の時間」をゆっくりじっくり楽しめます。春よりも深い色で咲くバラの花に加えて、宝石のように輝くローズヒップ、そしてシックな秋色の植物で美しく構成された秋の庭は、じつは春をしのぐほどゴージャスです。

バラ'フランシス デュブリュイ'

ノイバラの実

● コリウス

Solenostemon scutellarioides

シソ科　一年草・熱帯植物
葉の鑑賞時期6〜10月／高さ30〜100cm／幅30〜60cm

赤やオレンジ、黄色の葉が秋の庭を華やかに彩る

赤やオレンジ・茶色の葉をもつ品種は日陰だと色が褪せます。日陰で使う場合は黄色系の品種だと比較的に褪色しないので、植える場所によって品種を選択してください。チッ素過剰でも色が悪くなるので、与える肥料の成分と量にご注意。越冬には最低気温10℃を保つ必要があります。秋に挿し芽で苗を作り、それを冬越しにまわします。

● ニコチアナ × サンデラエ

Nicotiana × sanderae

ナス科　一年草
花期6〜11月／高さ30〜90cm／幅30〜50cm

パッと目を引く鮮やかな花色が魅力

本来は熱帯性の多年草ですが、成長が早いので一年草として扱われます。赤やピンク、紫、白など、花色が豊富で、色鮮やかな花が長期間に渡って咲くので、ときどき切り戻します。花が雨で傷みやすいのが玉に瑕で、鉢植えにして長雨を避け、あるいは雨が強く当たる場所は避けて植えます。日なたで育てます。

● オミナエシ

Patrinia scabiosifolia

スイカズラ科（オミナエシ科）　宿根草
花期7〜10月／高さ60〜150cm／幅30〜50cm

鑑賞期間が長い秋の七草のひとつ

東アジアに広く見られ、日当たりのよい草原に生えます。秋の七草のひとつとしておなじみです。地下茎を伸ばして殖え、最初の年は茎を伸ばさずロゼット状の株となり、翌年に茎を伸ばして開花します。ですから周囲に他の植物を密植すると長もちしません。蕾の頃から色づき、花後も長く色を保つので鑑賞期間が長く優秀な植物です。

● フジバカマ

Eupatorium japonicum

キク科　宿根草
花期8〜9月／高さ80〜150cm／幅30〜50cm

すっと伸びた茎に薄紫色の花を咲かせる

東アジアに広く分布し、日当たりのよい河川敷の湿った草原や疎林に生えます。地下茎を猛烈に伸ばして殖えるので、鉢植えにするか囲った中に植えます。鉢植えの場合は毎年植え替えないと自滅します。水切れにとても弱いので鉢植えの場合は浅く腰水にするとよいでしょう。こちらも万葉集に歌われた秋の七草のひとつ。

●トラケリウム カエルレウム（ユウギリソウ）

Trachelium caeruleum

キキョウ科　宿根草（常緑）

花期5〜6月／高さ60〜100cm／幅30〜50cm

**夕霧草という和名をもつ
地中海地方原産の植物**

花色は濃紫・青紫・薄紫・ピンク・白があり、紫色のオミナエシといった感じで美しい眺めを作ります。1株より、数株寄せて植えたほうがよく見えます。宿根草としては短命なほうで、園芸上は一年草として扱われることもあります。寒さにはそれほど強くない（−5度程度まで）ので、寒冷地では鉢植えにしてください。

●タイワンホトトギス系の栽培品種

Tricyrtis formosana hybrids

ユリ科　宿根草

花期8〜10月／高さ50〜100cm／幅30〜100cm以上（群生）

**日陰を選んで
ひっそりと咲く秋の花**

台湾と西表島の森林に生えるタイワンホトトギスを基に作られた栽培品種群です。ホトトギス *T. hirta* と違って、茎の先端に枝分かれする花茎を作ってそこに花が咲く点で区別できます。多数の栽培品種がありますから、実物を見て選んでください。地下茎で旺盛に殖えますから鉢植えにするか、囲った中に植えます。

●ケイトウ（セロシア アルゲンテア スピカータグループ）

Celosia argentea Spicata Group

ヒユ科　一年草

花期7〜9月／高さ30〜100cm／幅15〜30cm

**秋の庭を飾る
キャンドルのような花**

ケイトウの中で比較的野生型に近い形の花を咲かせる品種群です。基本的に高性ですが、矮化剤をかけて低く仕立てたものも流通しています。栽培は日なたに限ります。日陰にはまったく耐えられません。移植を嫌うので直播きか、ポット苗を植える時は根鉢を崩さないように丁寧に。種を播く場合は、しっかり覆土します。

●サラシナショウマ

Cimicifuga simplex

キンポウゲ科　宿根草・高山植物

花期8〜9月／高さ60〜150cm／幅30〜60cm

**夏の野山を歩くと出会う
ブラシみたいな花穂**

細い瓶や試験管を洗うブラシのような白い花穂と、特徴のある葉が目立ちます。庭に咲かせると、パッと目を引きます。紫色の葉の Atropurpurea Group が人気ですが、これはやや暑さに弱いような気がしています。日本列島を含む東北アジアから東シベリアの山地の森林や草原に生えます。肥沃で乾燥しない、水はけのよい土壌を好みます。

●セキヤノアキチョウジ

Isodon effusus

シソ科　宿根草

花期9〜10月／高さ60〜150cm／幅30〜50cm

**スマートな草姿と花が
よく目立つ秋草**

本州（中部地方の主に太平洋側）の特産で、山地の森林などに生えます。花色は紫・白・ピンクがありますが、紫以外のものはまだ流通が少ないのが残念です。アキチョウジ *I. longitubus* は日本列島（近畿地方以西の本州・四国・九州）の特産で、同様に栽培でき、よい宿根草です。夏に半分から1/3ほど残して切り戻すと秋によい姿で咲きます。

●サフラン（クロクス サティヴス）

Crocus sativus

アヤメ科　球根植物

花期10月／高さ10cm／幅20cm

**秋咲きの球根植物
シベは高価なスパイスに**

「もっとも高価なスパイス」として有名なサフランですが、あまりにも古くから栽培されているので正確な原産地はわからなくなっています。室内ではカゴに入れておくだけで花が咲きますが、ちゃんと土に植えたほうがよい花が咲きます。花後に葉がだらりと伸びてきますが、この葉は球根の生育に必要なので、大事にしてください。

ホワイトガーデンを作る花

ホワイトガーデンの魅力は、何種類もの白い花の、それぞれの「白のニュアンス」とそれぞれの「質感」が作り出すおもしろさにあるのでしょう。さらに、花色を白に限定せずに、主張しすぎないブルーや紫、アプリコットピンクなどの花を加えてみると、庭の表情がびっくりするほど豊かなものになります。

ドアの左の白いバラはフランシーヌ オースチン。右端のバラはジャクリーヌ デュプレ。

中央左奥の白いバラはサマー スノー、中央の白いバラはブラン ピエール ドゥ ロンサール、右の白いバラはフェリシテ パルマンティエ。

●ニゲラ ダマスケナ 白花（クロタネソウ）
Nigella damascena
キンポウゲ科　一年草（越年草）
花期5〜6月／高さ30〜50cm／幅30〜40cm

ホワイトガーデンを支える秋播きの一年草
ニゲラは、種から育てやすい一年草のひとつです。秋、9〜10月に種を播き、10〜11月頃に苗をポットに上げて管理し、翌春、しっかり育った苗を花壇に植えつければ、あとはそれほど手をかけなくても丈夫に育って、白い花を咲かせます。花苗の量が多めに必要な場合、ぜひ種を播いてみましょう。

●クレマチス'カイウ'
Clematis 'Kaiu'
キンポウゲ科　宿根草（つる）
花期5〜10月／つるの長さ2〜3m

ベル型の白い花が庭にナチュラルさを添える
世界的に定評ある愛らしい栽培品種で、何度も繰り返し咲いてくれます。オベリスクやフェンスにからませて楽しむのに好適です。しっかりと厚めの花弁をもつため、花もちがよく長く楽しめます。剪定は花後の切り戻しの他、休眠したら根元を残して強剪定します。1982年、エストニア共和国のエーリッヒ ブラノ氏の作出・命名。

● バラ'フェリシテ パルマンティエ'

Rosa 'Félicité Parmentier'

バラ科　灌木

花期5～6月／高さ100～150cm／幅100～150cm

シフォンのような花びらの すばらしく優美なバラ

アルバ系のオールドローズで、一季咲き。ベルギーのパルマンティエの作出・命名です。半つる性で、豊麗な花は強く香り、葉は灰色がかっていて、柔らかな印象です。クォーターロゼットの花の中心は淡いピンク。評価はひじょうに高く、RHS（英国王立園芸協会）のAGM（アワードオブガーデンメリット）を受賞しています。

● ジギタリス パープレア'スノー シンバル'

Digitalis purpurea 'Snow Thimble'

オオバコ科（ゴマノハグサ科）　宿根草・高山植物

花期5～6月／高さ100cm前後／幅40cm前後

ジギタリスは 有毒な植物なのでご注意

ジギタリス パープレアの完全な純白花で、斑点も入りません。どちらかといえば暑さに弱く寒冷地向けで、暖地では短命に終わりやすいです。しかし高山植物を植えるような山砂系の土壌を客土して植えれば、暖地でも長生きしてくれます。ジギタリスの仲間は短命なので種を播いて更新してください。

● テッセン（クレマチス フロリダ）

Clematis florida

キンポウゲ科　つる性樹木

花期5～6月／つるの長さ2～3m

鉄線のようなつるから テッセンと呼ばれる

歴史上の記録から中国原産だと信じられている植物ですが、誰も中国でその野生の姿を見たことがないという、美しくもミステリアスな植物です。しばしば夏や秋にも返り咲きます。寒さにはあまり強くなく、寒冷地では保護が必要です。剪定は花後の切り戻しと、冬に枯れ枝や芽のない枝の先端を切る程度の弱剪定とします。

● スター ジャスミン（トラケロスペルムム ジャスミノイデス）

Trachelospermum jasminoides

キョウチクトウ科　つる性樹木（常緑）

花期5～6月／つるの長さ3～9m（以上）

テイカカズラと よく似たジャスミン

強健で成長の早いつる性の樹木です。茎で絡むのではなく、茎から根を出して張りつくタイプです。白い花がたくさん咲くと、甘い芳香が広がります。薄いオレンジ色の花が咲くスター オブ トスカーナ Star of Toscana ('Selbra') や、白覆輪の斑入り種 'Variegata' もあり、冬に葉が赤く色づきます。

● スカビオサ コーカシカ'ホワイト クィーン'

Scabiosa caucasica 'White Queen'

スイカズラ科（マツムシソウ科）　宿根草・高山植物

花期5～10月／高さ40～60cm／幅30～40cm

切り戻すと 何度も花が上がる

コーカサス原産のマツムシソウの仲間です。大きな花が咲き、薄紫から濃い青紫の花が咲きます。'ホワイト クィーン'は純白の花が咲く栽培品種です。温暖な地域では高山植物用の山砂で植えてください。株間は広めにとって風通しよくしてください。寒冷地では夏や秋にも咲いてくれるようですが、温暖地では春が開花期のメインです。

● オルラヤ グランディフローラ

Orlaya grandiflora

セリ科　一年草（越年草）

花期4～6月（暖地）・8～10月（寒冷地）／高さ50～100cm／幅15～50cm

レースのような白い花は 他の植物と合わせやすい

地中海地方原産の植物です。濃い緑の細やかな葉と白い花が美しく、それが枝分かれした茎の先すべてに咲くのでみごとな眺めになります。種は温暖地では9～10月、寒冷地では4～5月に播きます。移植に弱いので直播きするか、ポット苗は根鉢を崩さないように注意して定植します。環境が合えば、こぼれ種でどんどん殖えます。

ローメンテナンスで
つきあいやすい植物

長く楽しめる庭を作るコツは、手のかからない、つきあいやすい植物を選ぶことです。そして、育った時の植物の高さやボリュームを、実際に見て確かめておくことも大切です。その植物が必要とするスペースを庭に用意して迎えれば、植物は健やかに育ちます。

静かな住宅街にある人気のガーデンショップ、フェアリーガーデン。サンプルガーデンで植物を実際に見て購入できるのも魅力。右は看板猫のラル。

右側の紫の花はネペタ シビリカ、奥の赤紫の花はペンステモン スモーリー。

●日なたが好き ●日なた〜明るい日陰が好き ●明るい日陰が好き ●明るい日陰〜日陰が好き

●ホタルブクロ'ウェディング ベル'
Campanula punctata 'Wedding Bells'

キキョウ科　宿根草
花期6〜7月／高さ 60cm ／幅 30 〜 40cm

二重咲きの花型が
凝った印象のホタルブクロ

'ウェディング ベル'は見ての通り二重咲きのホタルブクロです。性質は普通のものと変わりありません。地下茎を伸ばして殖え、親株は開花後枯れますから、小さな新芽がじゅうぶん育つスペースを確保することが大切で専用の場所を用意してこれだけで植えます。競争力は低いので、他の植物に埋もれるような場所には適しません。

①●オエノセラ ロゼア 純白花（ユウゲショウ）
Oenothera rosea Pure white flower

アカバナ科　宿根草
花期5〜9月／高さ 15 〜 40cm ／幅 10 〜 30cm

やさしい風情の白い花が
風に揺れて咲く

普通のものは鮮やかなピンク色です。一日花ですが、毎日のように次々と咲いて長期間眺められます。ただしその過程で草姿が乱れますから、1回か2回は切り戻して仕立て直すとよいでしょう。帰化植物として暴れ者になりかねないので、日常的にコントロールできない場所に植えてはいけません。

②●スティパ テヌイッシマ 'エンジェル ヘアー'
Stipa tenuissima 'Angel Hair'

イネ科　宿根草・オーナメンタルグラス
花期5〜7月／高さ 50 〜 60cm ／幅 30 〜 50cm

蒸れに弱いので密植を避け風通しよく

繊細極まる葉や茎はまさに髪の毛のようで、優しくふんわりとした手触りで周囲を優しく柔らかな感じにします。とにかく蒸れに弱いので密生させず、風通しがよくなるよう周囲に余裕を見て植えます。

③●アルケミラ エリスロポダ
Alchemilla erythropoda

バラ科　高山植物・宿根草
花期5〜7月／高さ15cm前後／幅30 〜 40cm

水はけのよい山砂系の土がお勧め

東ヨーロッパからコーカサスにかけての地域の高山草原に生えます。アルケミラ モリス A. mollisの半分ほどの大きさです。水はけのよい土壌を好みますが、一方であまり乾燥するのも嫌います。寒冷地では宿根草扱いが可能だと思いますが、ほとんどの地域では高山植物として扱うのが無難だと思います。

●オキシペタルム カエルレウム'ホワイト スター'
Oxypetalum coeruleum 'White Star' (syn. Tweedia caerulea 'White Star')

キョウチクトウ科（ガガイモ科）　宿根草（つる）・熱帯植物（低温性）
花期5〜10月／つるの長さ30 〜 100cm

ブラジル南部から
ウルグアイ原産の白い花

常緑性で、3〜5℃まで耐えるので温暖な地域であれば霜よけをして南側の暖かい所に置けば戸外で越冬もできます。最初は摘芯を繰り返して枝を増やすようにします。挿し木もできます。雨で花が傷みやすいので鉢植えにして長雨を避けます。標準的な個体は空色の花ですが'ホワイト スター'は純白花の栽培品種です。

●アンチューサ レプトフィラ'タッセル ブルー'
Anchusa leptophylla 'Tassel Blue'

ムラサキ科　一年草（越年草）
花期3〜6月／高さ 30 〜 40cm ／幅 30cm 前後

澄んだ青色の花を
次々と咲かせる

安定して美しい青に咲く花で、次々と咲いてくれます。あまり市販されていないのが残念ですが、よく種を結んでくれるので継続的な栽培に支障はありません。ムラサキ科の常として根を乱暴に扱われるのを好みませんから、移植する時は根鉢を崩さないように丁寧に扱ってください。一度定植したら動かさないように。

●タマシャジン（フィテウマ ショイヒツァリ）
Phyteuma scheuchzeri

キキョウ科　高山植物
花期4〜5月／高さ 30cm ／幅20cm

高山植物として
鉢植えで楽しむのがお勧め

寒冷地ではみごとな大株になり、冴えた紫色に咲きます。花が咲く茎につく葉は細い線形ですが、花が咲かない芽につく葉は幅広でホタルブクロの葉を小さくしたような形をしています。雑草と間違えないでください。アルプス山脈の亜高山帯から高山帯の岩場や草原に生えます。山砂系の土で、鉢植えか、ロックガーデンに植えます。

風に揺れる草花

絵本の中に登場しそうなつるバラや木バラが華やかに咲き誇る庭で、風が吹くたびに優しく揺れる花々がすばらしく魅力的な雰囲気を作り出しています。ムギセンノウやヒナゲシ、ヤグルマギクなど、昔から愛されてきた花々が添えてくれる、どこかノスタルジックな趣も庭にぜひ欲しいものです。

フラワーアレンジメントに、バラと草花をふんだんに使えるカッティングガーデン。赤紫のバラは'シャルル ドゥ ミル'。

●ネペタ'シックス ヒルズ ジャイアント'
Nepeta 'Six Hills Giant'
シソ科　宿根草
花期6〜9月／高さ60〜90cm／幅60〜100cm

丈夫さに定評のある優れたネペタ
交配親不明の植物ですが、たいへん優れているので広く普及しています。この仲間のものとしては大きくなるので、存在感があり、小さな花壇なら準主役級に使えるでしょう。姿が乱れてきたら半分ほど切り戻します。薄くグレーを帯びた葉も雅趣があり、花がなくともきれいです。梅雨頃に多湿で蒸れやすいので風が通るように、余裕を見て植えます。

●アグロステンマ ギタゴ(ムギセンノウ)
Agrostemma githago
ナデシコ科　一年草(越年草)
花期5〜6月／高さ60〜100cm／幅30〜50cm

地中海地方の小麦畑に生える雑草
花色は桃・紅・白があり、華奢な姿と相まって優美です。ヒナゲシなどと同様、もともと地中海地方の小麦畑に生える雑草のせいか、自然風なガーデンに似合います。蒸れに弱いので、同じような草姿のヤグルマギクやヒナゲシといっしょにするとよいでしょう。日なたで育て、水はけのよい中性から弱アルカリ性の土壌を好みます。

●クナウティア アルベンシス
Knautia arvensis
スイカズラ科(マツムシソウ科)　宿根草
花期5〜7月／高さ100〜150cm／幅20〜50cm

マツムシソウより暑さに強く育てやすい
ヨーロッパから小アジアの明るい乾燥がちな草原に生えます。中性から弱アルカリ性の水はけのよい土壌を好みます。この仲間の植物の常として寿命が長くはないので、種を採って後継苗を用意しておきます。茎は長く伸びるのですが、葉は根元近くに茂るので比較的高さの低い植物と組み合わせるか、株間を広くとって生育場所を確保します。

● **ヒナゲシ（パパウェル ローエアス）**
Papaver rhoeas 'Angels Choir'
ケシ科　一年草（越年草）
花期4〜5月
高さ60〜80cm／幅15〜30cm

ケシ‘エンジェルクワイヤー’の種を播いて何色の花が咲くかはお楽しみ！

華やかなものからシックな色まで、様々な色調の半八重の花が咲く栽培品種です。日なたで育て、水はけのよい土壌を好みます。寒冷地では春播きにして、秋（9〜10月）に咲かせることもできるようです。ケシ科の植物の常で、移植を嫌うので咲かせる場所に直播きにするか、根鉢を崩さないように注意して定植します。

● **ゲラニウム‘ジョンソンズ ブルー’**
Geranium 'Johnson's Blue'
フウロソウ科　宿根草・高山植物
花期5〜6月
高さ40〜60cm／幅30〜40cm

寒冷地に向く優れた宿根草

青紫の大輪の花、優雅な草姿、秋の紅葉が美しく、丈夫で病害虫も少ない優良種です。寒冷地ではこれほど優れた宿根草は少なく、真っ先に勧められるものです。10年前なら東京あたりでもなんとか宿根草扱いができましたが、現在ではかなり厳しいです。花の色も寒冷地で見るほどのきれいな色にはなりません。寒冷地以外では基本的に鉢植えにし、夏は明るい日陰になる場所に移して、高山植物用の山砂系の土壌で植えてください。ヒマラヤ山脈の高山帯から亜高山帯の草原に生えるゲラニウム ヒマライェンセ と中国大陸内陸部からヨーロッパにかけての亜高山帯の草原に生えるゲラニウム プラテンセの交配種です。

● **カンパニュラ コレナチアナ**
Campanula kolenatiana
キキョウ科　宿根草・高山植物
花期4〜5月／高さ90〜120cm／幅30〜45cm

温暖な地域ではラプンクロイデスがお勧め

コーカサスの亜高山帯に生えます。珍しい種で情報も少なく、短命な宿根草であるとされています。温暖な地域では似た形のカンパニュラ ラプンクロイデス *C. rapunculoides* が育てやすいでしょう。すっと伸びる花茎に青紫の小花をふんだんに咲かせてみごとです。地下茎を伸ばしてよく殖えますが、邪魔になるほどではありません。

● **ヤグルマギク（セントーレア シアヌス）**
Centaurea cyanus
キク科　一年草（越年草）
花期3〜5月／高さ30〜100cm／幅20〜50cm

鮮明な青紫、桃色、白暗赤褐色の品種もある

もともと地中海地方に分布する畑の雑草ですが、花の美しさから栽培され、園芸植物になったもののひとつです。鮮やかな青い色は春の花の中でも珍しく、温暖な地域でも育てるのが容易という点は見逃せません。栽培品種はいろいろあり、‘平山寒咲き’のような早春から咲き始める早生品は長く楽しめます。

半日陰で育てやすい植物

樹木で構成された「木の庭」の、ちらちらと木漏れ日の落ちる半日陰のエリアは、とても心地よい初夏の庭です。樹木と太陽の位置関係によって、日なたから日陰まで様々な日照条件が出現するエリアでもあるので、適応力のある丈夫な植物を選びます。

林の中のような雰囲気の「木の庭」。

① ● エゴポディウム ポダグラリア 'バリエガツム' (イワミツバ)
Aegopodium podagraria 'Variegatum'
セリ科　宿根草
花期5〜7月／高さ15〜30cm／幅30〜100cm以上（群生）

白いレースのような花と覆輪の葉が地面を覆う
淡い緑と白い覆輪の葉が上品な雰囲気をもつ宿根草です。スッと茎を伸ばして咲く白いレースのような繊細な花も美しく、地面をきれいに覆ってくれます。問題は繁殖力が強すぎることで、およそドクダミ並みだと思ってください。鉢植えにするか、囲った中に植える、あるいはこれだけでグラウンドカバーとして使う、そうでなければ最初から育てない、そのような割り切りがこの植物には必要です。

② ● アカンサス モリス
Acanthus mollis
キツネノマゴ科　宿根草（温暖地では常緑）
花期6〜8月／高さ90〜180cm／幅90〜180cm

造形的な力強いフォルムが魅力
古典ギリシャ時代からあるアカンサス文様で知られる植物です。雄大な植物ですから場所をじゅうぶんに確保し、根を伸ばして広がるので囲った中に植えます。温暖な地域では夏に休眠して地上部がなくなる場合があるので、そのことを踏まえて組み込みます。白散り斑で花穂が桃色になる 'タスマニアン エンジェル Tasmanian Angel'、黄金葉の 'ホーランズ ゴールド Holland's Gold' といった斑入り種があります。

①●ヤマアジサイ'伊予テマリ'

Hydrangea serrata 'Iyo-temari'

アジサイ科（ユキノシタ科）　灌木（落葉性）
花期5〜6月
高さ25cm前後／幅30cm前後

土によって花色が変化する

ヤマアジサイの栽培品種で、手まり咲き品種です。栽培条件（土壌のpH）で特に花色が変化しやすく、いろいろな色調が見られます。黄掃き込み斑の入った枝変わりも品種化されています。栽培はヤマアジサイ'白扇'(P.73)に準じます。似た名前のものに'伊予獅子手まり Iyo-shishi-temari'がありますが、こちらはやや小型で、花が密集する点が違います。

②●オキザリス アーチクラータ クラッシペス

Oxalis articulata f. crassipes

カタバミ科　宿根草
花期4〜10月／高さ15cm前後／幅30cm前後

かわいい白い花が咲くカタバミ

南米原産のカタバミの仲間で、地下に根茎があります。普通のものは濃いマゼンタピンクの花が咲きます。この白花品は普通のものと性質は変わりませんが若干花が小さめのようです。この他にも上品な桃色のものなどもあります。日なたか午前中日が当たる明るい日陰で育て、水はけのよい土壌を好みます。耐寒性はありますが−10℃を下回る頃から危険域ですので、寒冷地では鉢植えにして室内に入れてください。

③●ムラサキミツバ

Cryptotaenia japonica f. atropurpurea

セリ科　宿根草／ハーブ
鑑賞期4〜10月／高さ20〜50cm／幅30cm前後

葉の色と花を楽しめる上に食べられる

野菜として広く栽培されているミツバの銅葉です。小型の、ほどよい塊になる銅葉ものは意外にありそうでないので、日本よりも海外で評価されています。海外で評価され使われているのを知って、ようやく日本でも見直されたというところでしょうか。午前中日が当たる明るい日陰か、明るい日陰で育てます。いつもある程度湿っている水はけのよい肥沃な土壌を好みます。移植を嫌うので、直播きにするか、移植や定植の際に根を傷めないよう注意します。もちろん食べられます。

●ギボウシの仲間

Hosta spp.

キジカクシ科(ユリ科・リュウゼツラン科) 宿根草
花期5〜9月／高さ15〜200cm／幅10〜250cm

**ガーデン素材としてイギリスを魅了した
日本原産のギボウシ**

東アジアの原産で特に日本列島に多くの野生種があります。交配種も極めて多く、大きさの差が激しいので目的に合わせて適切な品種を選ぶのが肝心です。似たり寄ったりの栽培品種もありますから、きちんと栽培品種名を明記したラベルつきの株を買いましょう。地植えにするなら中型種以上のものが他の植物に負けにくいのでお勧めです。

①ギボウシ 'フランシス ウィリアム'
Hosta 'Frances Williams'
②ギボウシ '寒河江'
Hosta 'Sagae'
③ギボウシ 'ハドスペン ブルー '
Hosta 'Hadspn Blue'
④ギボウシ 'ビッグ ダディ '
Hosta 'Big Daddy'
⑤ギボウシ 'ハルシオン'
Hosta 'Halcyon'

●日なたが好き　●日なた〜明るい日陰が好き　●明るい日陰が好き　●明るい日陰〜日陰が好き

● サンブクス ニグラ ポルフィロフィラ 'エヴァ'

（セイヨウニワトコ ブラックレース）

Sambucus nigra f. porphyrophylla 'Eva'

レンプクソウ科(スイカズラ科)　灌木

花期／5〜6月

高さ2.5〜4m／幅2.5〜4m

**黒いレースのような
繊細な葉が魅力**

日本列島でも普通に見られるニワトコの仲間です。ポルフィロフィラは葉が細く深く裂けた品種で、'エヴァ'はその銅葉の栽培品種で、ピンクの花が咲きます。果実はつややかな黒です。成長が早いので、大きくなり過ぎたらばっさりと強剪定して仕立て直します。ブラックレースの通称で販売されることが多いです。

⑥ ● カレックス エラータ 'オーレア'

Carex elata 'Aurea'

カヤツリグサ科　宿根草・高山植物

花期4月／高さ30〜60cm／幅20〜50cm

レモン色の繊細な葉をもつスゲの仲間

明るい葉色のスゲの仲間です。葉のある間、このきれいな色は褪めることがありません。繊細な葉が集まる大きな株となって、なかなか見応えのあるものになります。春に出てくる黒い穂に驚かされます。明るい日陰で育て、肥沃なやや湿った土壌を好みます。シダやギボウシと取り合わせると最高に映えます。高温に弱く、寒冷地向けの植物です。温暖地では鉢植えにして高山植物用の用土で植えて、腰水で育てます。

⑦ ● アルケミラ モリス（p.64）

⑧ ● リシマキア キリアータ 'ファイアークラッカー'

Lysimachia ciliata 'Firecracker'

サクラソウ科　宿根草

花期5〜6月(葉は4〜10月)

高さ50〜100cm／幅50〜100cm以上(群生)

赤紫色の葉が庭に奥行き感を出す

鮮やかな銅葉の栽培品種です。赤紫の葉に黄色の花がよく映えます。野生型は北米大陸に広く見られ、湿地帯や森林の湿った場所に生えます。日なたか午前中日の当たる明るい日陰で育て、いつも適湿を保った肥沃な土壌を好みます。地下茎を伸ばして旺盛に殖えるので、囲った中に植えるか、生えて欲しくない場所に出てきたものは抜き捨てます。

日本の環境に合う
少しモードな植物

海外から輸入されるたくさんの植物には、新鮮なものが数多くあります。ただ、どんなに心引かれる植物でも、原産地とかけ離れた気候のもとではうまく育ちません。日本の気候風土に合うものを選ぶことが大切です。目新しい植物、珍しい植物を選ぶ時には、自分の庭の環境に合うかどうかを確認して。

海外から輸入した種を播き、小さな苗から育てるエフメールナガモリのサンプルガーデン。社長の長森正雄さんは、ここで日本の環境や庭に合う植物を厳選し、年間100万株以上の苗を全国の園芸店などに卸しています。

①●バッカリア ヒスパニカ（ドウカンソウ）

Vaccaria hispanica

ナデシコ科　一年草（越年草）
花期4〜6月
高さ40〜80cm／幅20〜30cm

**かわいい小花を切って
花束にしても楽しめる**

地中海地方の日当たりのよい荒地や畑の脇、道端などに生えます。花色はピンクと白があります。水はけのよい土を好み、日なたで育てます。移植を嫌うので、直播か小苗のうちに移植します。温暖地では秋播きにするとよいでしょう。ドウカンソウという名は江戸時代に道灌山にあった幕府の薬草園で栽培されていたことに由来します。

③●サルビア ネモローサ 'ブルー ヒル'

Salvia nemorosa 'Bule Hill'

シソ科　宿根草
花期6〜8月
高さ30〜50cm／幅30〜50cm

**'カラドンナ' よりも
ソフトな雰囲気をもつ**

サルビア ネモローサの中で、濃い色の花穂と茎がピンと際立つ'カラドンナ'に比べると、少しソフトな印象の花穂に、青紫の花をたくさん咲かせます。丈夫で育てやすく、ほかの植物とも合わせやすく、'カラドンナ'といっしょに植えると、紫の濃淡の花穂がきれいなシーンを作ります。

⑤●ダイアンサス'ブラック ベアー'（p.103）

●シノグロッサム アマビレ'メモリー マリン ブルー'
Cynoglossum amabile 'Memory Marine Blue'
ムラサキ科　一年草（越年草）
花期 4〜5月／高さ 30〜60cm／幅 30〜40cm

5月のバラの季節と
開花のタイミングが合う
鮮やかな青い色が美しく、少し高さのあるものが欲しい時に役立ちます。青の他に薄青と桃色の栽培品種があります。気温によって花色が変化しないのはありがたいことです。本来多年草ですが、園芸上は一年草として扱われます。ムラサキ科の常として根を乱暴に扱われるのを好みませんから、移植する時は根鉢を崩さないように丁寧に。

●ファセリア カンパヌラリア
Phacelia campanularia
ムラサキ科（ハゼリソウ科）　一年草（越年草）
花期 6月／高さ 20〜40cm／幅 20〜30cm

パッと目を引く
群青色の花
紫色を帯びた濃い緑色の葉が独特で、ここから多数の鮮明な群青色の花が咲く様は目を引きます。背が低いので競争力は低く、花壇の前面や鉢植えに向きます。移植を好まないのは、他のムラサキ科の植物と同じです。ファセリアの仲間の剛毛に触れるとかぶれることがあるので、皮膚の弱い人は栽培を避けたほうがよいです。

●サルビア ネモローサ‘カラドンナ’
Salvia nemorosa 'Caradonna'
シソ科　宿根草
花期 6〜8月／高さ 30〜50cm／幅 30〜50cm

真っ直ぐ上に伸びる
シャープな花茎が特徴
鮮明な濃い紫色の花が特徴の宿根性のサルビアです。黒褐色の花茎が真っ直ぐ上に伸び、スタイリッシュな雰囲気を作り出します。背後や周辺に黄色など、明るい色の花や葉をもつ植物を配すれば、最高に引き立つでしょう。梅雨時から夏にかけて、蒸れないように密植を避け、風通しをよくします。

②●ニゲラ ダマスケナ‘ブルー ミゼット’
Nigella damascena 'Blue Midget'
キンポウゲ科　一年草（越年草）
花期 5〜6月／高さ 30〜50cm／幅 30〜40cm

花が終わった後の
大きな果実もおもしろい
‘ブルー ミゼット’は青い半八重咲きの栽培品種で、他にも白や桃色の花を咲かせる品種ものがあり、通常はそれら各色が混ざったミックス種子として販売されています。花が咲き終わると、風船のような大きな実ができます。この実はドライフラワーとして活用すると、おもしろい使い方ができそうです。

●ギリア カピタータ
Gilia capitata
ハナシノブ科　一年草（越年草）
花期 5〜6月／高さ 20〜50cm／幅 30cm 前後

北米原産の丈夫な草花
白花が咲く品種も
鮮やかな青い花と、コスモスを小さくしたような繊細な葉が魅力的で、似たような植物はあまりないので極めて個性的といえるでしょう。なぜか本種はギリア レプタンサ *G. leptantha* と混同されていますが、レプタンサはピンクの花が、細かく枝分かれした先に一輪ずつ咲きますから、まったく違った姿をしています。

④●ラムズイヤー（スタキス ビザンティナ）
Stachys byzantina
シソ科　宿根草
花期 5〜6月／高さ 30〜50cm／幅 30cm 前後

子羊の耳そのままの
柔らかな手触り
白い毛が密生した葉は英名のラムズイヤー（羊の耳）の名のままで、柔らかな質感と銀灰色の葉が最大の魅力です。競争力はあまりないのでこれだけで植えるか、同じくらいの高さの植物と組み合わせます。関東地方では宿根草扱いですが、中部地方以西の低地では高山植物として扱うほうが、より適切かもしれません。

●バーベナ ボナリエンシス（三尺バーベナ）
Verbena bonariensis
クマツヅラ科　宿根草
花期7〜9月／高さ90〜120cm／幅30〜50cm

**暑さや乾燥に耐える
頼りになる夏の花**

すらりとした姿で場所を取らず、暑さに少しも弱ることなく桃色の花が長く咲き続けるので夏花壇に重宝な存在です。かなり暑くて乾燥して日差しがきつい、他の宿根草がダメになるような過酷な条件に耐えます。花は蝶をよく惹きつけますから、バタフライガーデンに好ましいものです。日陰や多湿になる場所は好みません。

●リナリア プルプレア‘キャノン J. ウェント’
Linaria purpurea ‘Canon J. Went’
オオバコ科（ゴマノハグサ科）　宿根草
花期4〜6月／高さ100cm前後／幅30cm前後

**主張しない小さな花は
他の植物と合わせやすい**

‘キャノン J. ウェント’は優しい桃色の花を咲かせる栽培品種です。野生型には明るい紫、白花のものもあります。華奢な茎の先端に、細い花穂が真っ直ぐに伸びる姿が花壇に躍動感を与えます。「細くて真っ直ぐに伸びて花や姿がきれいなもの」となると意外と少なく、温暖な地域では貴重な存在です。

●フロックス ドラモンディー‘クリーム ブリュレ’
Phlox drummondii ‘Crème Brûlée’
ハナシノブ科　一年草
花期5〜7月／高さ15〜30cm／幅20〜30cm

**個性的な色のフロックスが
庭の印象をガラリと変える**

コーヒー色を帯びた黄色から淡赤の色合いは独特で、似たものがすぐには思い当たりません。高さが低いので競争力はありません。同じぐらいの高さの植物と組み合わせるか、鉢植えにします。うどんこ病に冒されやすいので雨除けできる鉢植えの方がよいでしょう。一度花が終わったら、切り戻して何度も咲かせることができます。

●トリフォリウム アルウェンセ
Trifolium arvense
マメ科　一年草（越年草）
花期4〜5月／高さ30〜60cm／幅30〜50cm

**モフモフした花が
たくさん集って咲く**

兎の尻尾か大きくなったネコヤナギの芽のような形の花がおもしろく、たくさん枝分かれして開花するのでけっこうボリュームもあります。似たような植物はいくつかありますが、育てやすく単価も安いとなるとこの種の右に出るのはないのではないかと思います。蒸れに弱く、倒れるように広がるので、株の周囲に余裕を見て植えます。

●シレネ コロナリア（スイセンノウ）‘オキュラータ’と‘アルバ’
Silene coronaria ‘Oculata’’Alba’
ナデシコ科　宿根草
花期5〜6月／高さ100cm前後／幅50cm前後

**フェルトみたいな質感の
一年中美しい葉をもつ**

‘オキュラータ’は縁の白い桃色の花、‘アルバ’は白花です。普通のものは濃いマゼンタピンクです。種で簡単に殖やせるのもよい点です。株の寿命は長くはないので、種を播いて後継苗を作っておきましょう。あの強烈なマゼンタピンクがいい、という人はそれに加えて八重咲きの‘ガーデナーズ ワールド Gardener's World’という品種がありますから探してみてください。どの種類であれ、長い毛に覆われた銀灰色のフェルトのような質感と手触りの葉は一年中美しく、優れた宿根草です。葉が根元にまとまるタイプなので、あまり競争力がありません。高さ30cm以下の植物と組み合わせるか、これだけで植えます。土を少し盛って過湿を避けるとなおよいです。

●日なたが好き　●日なた〜明るい日陰が好き　●明るい日陰が好き　●明るい日陰〜日陰が好き

● セントランサス ルブラ 'アルバ'
Centranthus ruber 'Alba'
スイカズラ科（オミナエシ科） 宿根草
花期5〜6月
高さ50〜70cm／幅30〜50cm

ホワイトガーデンの春にぜひ欲しい花
'アルバ'は純白の花でもボリュームがあるの
で、他の花と合わせやすく、またあまり寂し
い感じにもなりません。普通品は鮮明な濃い
桃色、深紅色の'コッキネウス Coccineus'
も日本人の感覚からすると派手過ぎると思う
かもしれませんが、使いこなせれば価値の高
い植物です。蒸れと加湿に弱いので、土を少
し盛って水はけをよくします。

● ペンステモン ヘテロフィルス
'ヘブンリー ブルー'
Penstemon heterophyllus 'Heavenly Blue'
オオバコ科（ゴマノハグサ科）
宿根草（半常緑）
花期5〜6月／高さ30〜50cm／幅30cm前後

赤、青、黄色の3つの花色がそろう
数ある植物の中で三原色がそろうグループは
希少です。ペンステモンの仲間は安定して青
く咲いてくれる上、過湿にさえ気をつければ
何とかなるので嬉しい限りです。暑さと乾燥
に耐える代わりに過湿に弱いので、他の植物
との密植を避けます。

● ホルデウム ユバツム (p.83)

いろいろな種類の植物でつくる
見応えのある植栽

草丈も花の色も形もいろいろな、多種類の植物を組み合わせて作る見応えのあるシーン。ひとつひとつの植物が、どんなふうに扱って欲しがっているのか？ ということを知っていなくてはできない植栽です。試行錯誤とフィードバックを繰り返すことによって、園芸技術はゆっくりと磨かれてゆきます。

ガーランドのバラはランブリング レクター。

黄色いボールのような花はクラスペディア（ドラムスティック）、赤いバラはムンステッド ウッド。手前の小花はエリゲロン カルヴィンスキアヌス、その奥はカモミール。

①●フロミス フルティコサ
Phlomis fruticosa
シソ科　灌木（常緑）
花期4月下旬〜5月
高さ1〜1.5m／幅1〜2m

英名はエルサレムセージ

濃い黄色の花も美しく、しっかりした厚みのある葉はフェルトのような毛に覆われていて、こちらも見所があります。地中海地方に分布し、岩の多い斜面や荒れ地・草原に生えます。日なたで育て、水はけのよい土壌を好みます。30cmぐらい盛った上に植えると過湿を避けられるのでなおよいです。エルサレムセージの英名がありますが、聖地とは関係なくセージの仲間でもありません。

②●ピクノソルス グロボースス
　　（クラスペディア グロボーサ）
Pycnosorus globosus
(syn. Craspedia globosa)
キク科　宿根草
花期4〜10月
高さ20〜40cm／幅30〜100cm

黄色いボールの
ドラムスティック

オーストラリア南東部原産で、平野に生えます。常緑／半常緑性で根元に灰緑色の細い葉を茂らせます。あまり寒いのは苦手で寒冷地では鉢植えにして凍らない程度に保温してください。オーストラリア産の植物にしては日本の気候でも育てやすく、リン酸肥料に耐性があります。宿根草ですがあまり寿命は長くないので、種を播いて更新します。

③●サルビア ネモローサ
'カラドンナ'（p.53）

④●カムロザサ
Pleioblastus viridistriatus f.viridistriatus
イネ科　灌木
鑑賞期　4〜10月
高さ20〜40cm／幅30〜100cm以上（群生）

**いろいろな植物とよく調和する
明るい葉色の笹**

ササですから地下茎を伸ばして旺盛に
殖えます。鉢植えにするか、囲った
中に植えてください。葉が黄色一色に
なるものもありオウゴンカムロザサ f.
chrysophyllus といいます。

⑤●セントランサス ルブラ
Centranthus ruber
スイカズラ科(オミナエシ科)　宿根草
花期5〜6月
高さ50〜70cm／幅30〜50cm

**小花が房状に咲く
紅かのこ草**

地中海地方原産で、平地から山地の岩
の多い原野や草原などに生えます。日
なたで育て水はけのよい土壌を好みま
す。土を少し盛って過湿を避けるとな
およいです。深紅色の'コッキネウス
Coccineus' は花色に多少ばらつきがあ
るので実物を見て買ってください。蒸れ
と過湿に弱いため株の周囲に風が通り
乾きやすいようにしましょう。

⑥●アルケア フィキフォリア
の交配種
Alcea ficifolia hybrids
アオイ科　宿根草
花期6〜8月
高さ150〜300cm／幅30〜70cm

**花壇の後方に植えると
よく映える**

タチアオイ *A. rosea* に近縁で、タチア
オイ同様に短命な宿根草です。葉に深い
切れ込みが入る点でタチアオイと区別
できます。かなり大きくなりますから花
壇の後方などに配します。台風に備えて
支柱を立てておきましょう。シベリアの
原産で、16世紀末頃にヨーロッパに導
入されたといいます。

⑦●フェスツカ グラウカ
Festuca glauca
イネ科　宿根草(常緑)
鑑賞期　ほぼ一年中
高さ20〜40cm／幅20〜30cm

**青い葉がきれいな
オーナメンタルグラス**

ブルーグレーの葉と、こんもりと半球形
に繁る形がおもしろいオーナメンタル
グラスです。高さ・色合い・葉の立つも
のや垂れるものなど品種がいくつもあ
ります。どちらかというと暑さに弱く、
寒冷地以外では夏に弱って色が悪くな
るのは避けられません。早春に一度丸刈
りにすると、きれいな葉を楽しめます。
イネ科植物の花粉症の人にとってアレ
ルゲンとなる場合がありますから、該当
する人は花を切ってください。

⑧●アサギリソウ（p.61）

> 左ページの植栽を
> 正面から見ると

上中央の白いバラはサマー スノー、その下のねぎ坊主はアリウム サマー ドラマー、右の白いバラは
キュー ガーデン、左手前の黄色い葉はカムロザサ。右手前の薄紫の花穂はネペタ。

華やかなお花畑を作る
主役と名脇役

華やかなシャクヤクやスタイリッシュなカラーも、庭に取り入れてみたい植物です。存在感の際立つ植物には、風にそよぐような雰囲気の草花や、小さな花をたくさん咲かせる植物を添えると、庭で浮かずに美しく収まります。宿根草と一年草を中心に育てやすい植物を組み合わせて、華やかさと可憐なお花畑の雰囲気の両方を兼ね備えた庭です。

植花夢の入口。広大な敷地に多種多様な植物が咲き乱れる見本庭園。大きさや花の咲き方を実際に見て、自分の庭に欲しい植物、ぴったりな植物を見つけます。

① ●シャクヤク'サラ ベルナール'
Paeonia lactiflora 'Sarah Bernhardt'
ボタン科　宿根草
花期5月
高さ70〜90cm／幅40〜60cm

1500年前から愛されてきた
定番の園芸植物

1906年、フランスのルモワール氏による作出・命名の品種で、いまなお名品として評価の高い品種です。シャクヤクは東アジアの東北部が原産で、観賞用に栽培されるようになってから1500年ぐらいたっていますから、園芸植物としておおいに信頼できます。日なたで育て、水はけのよい肥沃な土壌を好みます。他の宿根草と違って移植は秋の9〜10月上旬におこなってください。

② ●ギレニア トリフォリアータ
Gillenia trifoliata
バラ科　宿根草
花期5月
高さ100cm前後／幅40〜100cm（群生）

姿がよいので
花の後もすっきりきれい

白い花弁と深紅色の茎と萼の対比が美しい花です。姿がよいので、花が終わっても乱雑な感じになりません。さらに秋にはきれいな色に紅葉します。日なたから明るい日陰で育て、肥沃な常に適湿の土壌を好みます。日本では、しばしば三つ葉シモツケの名で販売されていますが、シモツケの仲間でもシモツケソウの仲間でもないので不適切な呼び名です。

●コガクウツギ '花笠'

Hydrangea luteovenosa 'Hanagasa'

アジサイ科（ユキノシタ科）　灌木（落葉性）
花期5〜6月／高さ50〜100cm／幅50〜100cm

初夏に咲く
爽やかな白い花

佐賀県黒髪山産とされるコガクウツギの八重咲き品です。野生型は白いガクアジサイのような花が咲きます。日本列島（東海地方以西）の固有種で、山地の谷沿いにある湿った森林に生えます。花つきはよく、長く伸びるシュートに翌年以降花を咲かせます。明るい日陰で育て、水切れは厳禁です。

●シレネ ディオイカ

Silene dioica

ナデシコ科　宿根草
花期5〜6月／高さ40〜60cm／幅30〜40cm

かわいいピンクの小花は
他の植物と合わせやすい

すらりとした姿で、きれいなピンク色の小花をたくさん咲かせます。ピンクの他に白花もあります。株の寿命があまり長くなく、特に温暖地ではその傾向が強いので、種を採って後継苗を用意しておきます。日なたで育て、水はけのよい、ほどよく湿った土壌を好みます。競争力はあまりないので、前面に植えるか高さの低い植物と合わせます。

●ムシトリナデシコ（シレネ アルメリア）

Silene armeria

ナデシコ科　一年草（越年草）
花期5〜6月／高さ30〜70cm／幅30cm前後

多少乾燥しやすい場所にも
適応できる

道端でも見かける、ヨーロッパ原産の植物。ムシトリと名づいてはいますが食虫植物ではなく、花房の下の茎の一部が粘ついて虫がくっつくことからきています。花は濃いマゼンタピンクを基本に、白花もあります。日なたで育て、水はけのよい土壌を好みます。直播きするか、ポットで育てて移植時に根を傷めないようにして定植します。

●ユーフォルビア セギエリアーナ

Euphorbia seguieriana

トウダイグサ科　宿根草（半常緑）
花期5〜6月／高さ60〜90cm／幅30〜50cm

やや乾燥した地域原産の
きれいなユーフォルビア

ヨーロッパ南部から西アジアにかけての地域の、日当たりのよい、やや乾燥した草原に生えています。この仲間の常として、整然と並んだ白粉を帯びた葉が美しく、姿もよいので花がなくてもきれいです。ユーフォルビアの仲間は大きくなるとある日突然枯れる傾向があるので、株が元気なうちに挿し芽や種を採って後継苗の用意を。

●ヤマオダマキ

Aquilegia buergeriana var. buergeriana

キンポウゲ科　宿根草／高山植物
花期5〜6月／高さ50〜80cm／幅30cm前後

日本列島の特産
明るい森林や草原に生える

色は赤茶色っぽいものが普通ですが、薄黄色の花のキバナノヤマオダマキもしばしば見られます。日本海側には花の後ろにつんと立っている距がくるりと巻いているオオヤマオダマキがあります。距の形以外に大差はありませんが、こちらは東アジアに広く見られます。温暖な地域では高山植物用の山砂で植えたほうが安全です。

●ザンテデスキア エチオピカ（カラー）

Zantedeschia aethiopica

サトイモ科　宿根草／水生植物
花期6〜7月／高さ60〜100cm／幅50〜120cm

南アフリカ原産の
湿地を好む水生植物

一般にカラーの名で広く知られている植物です。耐寒性があって熱帯的な趣があり、水生植物としても扱える植物は少ないので広く栽培されています。耐寒性といっても、南アフリカ原産ですからガチガチに凍ると枯れます。寒冷地では室内に取り込んでください。日なたか午前中日の当たる明るい日陰で育て、湿った肥沃な土壌を好みます。

庭に元気をくれる
ネペタ・サルビア・アスチルベ

見るからに生き生きと元気に育っている植物の姿は、庭に大きな魅力をもたらしてくれます。元気に育つ植物を選ぶことこそ、庭作りの王道といってよいでしょう。日本の気候に合う育てやすい植物として、ネペタやアスチルベ、サルビアの仲間はお勧めです。きれいな花穂を初夏の光に輝かせながら、元気に咲く様子は、庭の喜びそのものです。

ピンクのバラは'フランソワ ジュランヴィル'、濃い紫色のクレマチスは'ビクター ヒューゴ'。

アーチのピンクのバラは'ベル イシス'、白いバラは'プロスペリティ'。

●ネペタ ラケモサ
'ウォーカーズ ロウ'
Nepeta racemosa 'Walker's Low'
シソ科　宿根草
花期 4〜9月
高さ 50〜60cm ／幅 50cm前後

コーカサス山脈に分布
日当たりのよい草原などに生える
'ウォーカーズ ロウ'は普通のラケモサよりも大きく、花色の濃い栽培品種です。倒れにくく、きれいな形に育ち、グレーを帯びた葉を触るとよい香りがします。日なたか、午前中日の当たる場所で育て、水はけのよい土壌を好みます。それなりに競争力がありますが、梅雨頃に多湿で蒸れやすいので、風が通るように周囲にあれこれ植え込まず少し余裕を見て植えます。

●日なたが好き　●日なた〜明るい日陰が好き　●明るい日陰が好き　●明るい日陰〜日陰が好き

●アスチルベ
Astilbe

ユキノシタ科　宿根草
花期5〜7月／高さ20〜90cm／幅20〜50cm

病害虫に強く
日本の気候によく合う

綿飴に例えられるふわふわした感じの赤・桃色の濃淡・白の花穂が美しい植物です。繊細な葉は他の植物を引き立てます。この仲間は東アジアの原産で、改良には日本産の野生種が使われているので気候によく合います。明るい日陰で育て、やや湿った土壌を好みます。ギボウシと相性がよくシェードガーデンを華やかに飾ってくれます。

●ノブドウ'エレガンス'
Ampelopsis glandulosa var. *heterophylla* 'Elegans'

ブドウ科　樹木(つる性)
鑑賞期4〜9月／つるの長さ2〜3m

庭を立体的に見せてくれる
美しいつる植物

'エレガンス'は緑・白い斑・赤味を帯びた新芽の色合いが美しく、扱いやすいつる植物です。ブドウと同じく巻きヒゲをもち、それで絡みます。ただ斑がけっこう派手なせいか、あの複雑な妖しい色合いの果実はあまりつかないのが残念です。毎冬かなり枯れ込み大きくなりづらいので、切りすぎないように。

●ユーフォルビア カラキアス シルバースワン('ウィルコット')
Euphorbia characias Silver Swan ('Wilcott')

トウダイグサ科　宿根草(常緑)
花期3〜4月／高さ40〜100cm／幅30〜60cm

地中海地方原産の植物
蒸れと多湿に弱い

白覆輪の葉が整然と並ぶ姿がおもしろい宿根草です。春に咲く花もおもしろい形をしていて楽しいものです。暑いのは平気ですが、蒸れと多湿に弱いので土を盛って植えるとなおよいです。株間を広めにとって風を通すようにしましょう。花後に茎を根元近くまで切り戻して新芽の発生を促します。

白い花穂を上げるサルビア ネモローサ スノーヒル、青い小花はアンチューサ レピトフィラ 'タッセル ブルー'、手前の銀灰色の葉はアサギリソウ。

●サルビア ネモローサ スノー ヒル('シュネーフューゲル')
Salvia nemorosa 'Schneehügel'

シソ科　宿根草
花期6〜8月／高さ30〜50cm／幅30〜50cm

白と緑の花穂が
すばらしく爽やかなシーンを作る

スノーヒルは商品名で'シュネーフューゲル'が正しい栽培品種名です。スノーヒルは白花ですが、普通のサルビア ネモローサは紫色の花で、他に桃色の花のものもあります。育てやすく、まとまった姿のよい宿根草です。花は切り戻すともう1回咲いてくれます。野生型は西アジアからヨーロッパに分布し、森林や疎林に生えます。

●アサギリソウ
Artemisia schmidtiana

キク科　宿根草・高山植物
鑑賞期4〜10月／高さ15〜30cm／幅20〜40cm

小型のタイプや
黄金葉のものもある

銀色の葉は美しく、柔らかで、触ると気持ちのよいものです。雨の跳ね返りで泥を被ったり、いつまでもジメジメとした風通しの悪い場所では病気で葉が枯れ上がりますから、鉢台の上に置いて、よく風が通るようにします。日なたで育て、高山植物用の山砂系の土壌で植えてください。寒冷地以外では基本的に鉢植えとし、地植えの場合はロックガーデンを築いて。

カラフルな花色の草花

鮮やかな黄色、青、ピンク、紫などの花色を散りばめたカラフルな植栽は、庭にわくわくするような雰囲気を作り出します。いろんな色を散りばめても、葉の緑色がじょうずにまとめてくれるのが、庭のよいところです。散りばめる花は、色味がクリアで小さめのものが使いやすいです。

ガゼボのバラはシティ オブ ヨーク。

① ●アネモネ カナデンシス（p.116）

② ●トラデスカンチア
'スイート ケイト'

Tradescantia 'Sweet Kate'

ツユクサ科　宿根草
花期 6 〜 9 月
高さ 30 〜 50cm ／幅 30 〜 50cm

**オーナメンタルな葉に紫の花が映える
すばらしい植物**

この仲間で大人気の栽培品種です。明るい黄色の葉に鮮やかな濃紫の大輪の花が映えます。葉は細く長く、そして株のまとまりがよいのでオーナメンタルグラスのような使い方ができます。環境への適応性も強く使いやすいすばらしい植物です。

③ ●サルビア ネモローサ
'カラドンナ'（p.53）

④ ●ルブス パルヴィフォリウス
'サンシャイン スプレーダー'（p.70）

⑤ ●ラナンキュラス レペンス
フローレ - プレノ（ゴールドコイン）

Ranunculus repens var. flore-pleno

キンポウゲ科　宿根草
花期 4 〜 5 月
高さ 20 〜 40cm ／幅 30 〜100cm

**小さな金貨を
散りばめたような**

野生型はユーラシア原産で世界中に野生化し、湿った明るい草原に生えます。茎が地面を這って伸び広い面積を覆います。常緑なのでグラウンドカバーにも使えます。とても丈夫ですがどちらかというと夏の暑さは苦手ですから、温暖な地域では夏は明るい日陰になるような場所が無難です。乾燥には耐えられません。

　●日なたが好き　●日なた〜明るい日陰が好き　●明るい日陰が好き　●明るい日陰〜日陰が好き

① ● デルフィニウムの栽培品種（p.32）

② ● サルビア ヴィリディス
（ペインテッド セージ）
Salvia viridis
シソ科　一年草（越年草）
花期５〜９月
高さ30〜50cm／幅30〜40cm

ずーっと咲いていてくれるセージ

花は小さくて冴えないのですが、花序の先端につく苞が大きく発達して色づき、おもしろい形をしていて目につきます。紫が基本ですが、桃・白もあります。市販の種子はたいてい各色の混合になっています。競争力はそれなりにありますが、ある程度数をまとめて植えたほうが見栄えの点でも栽培の上でも扱いやすくなります。

③ ● クナウティア（p.46）

④ ● ニコチアナ×サンデラエ
'ライム グリーン'
Nicotiana × sanderae 'Lime Green'
ナス科　一年草（越年草）
花期５〜10月
高さ60〜90cm／幅30〜40cm

葉煙草の原料になる
タバコの仲間

華やかな色合いのものが多いサンデラエの中で、'ライム グリーン'は特異な花色で目立つ存在です。安定してきれいな緑色に咲き、開花期間が長い花というのは案外少ないので貴重な存在です。日なたで育て、水はけのよい肥沃な土壌を好みます。種から育てる場合は、発芽に光が必要なので覆土をしません。種は秋か春に播きます。触るとちょっとタバコ臭いのが玉に瑕です。

● シラン
Bletilla striata
ラン科　宿根草
花期４〜５月／高さ30〜50cm／幅30〜50cm

丈夫で親しみやすい
お庭の蘭の花

東アジアの温暖な地域に広く見られ、明るい草原に生えます。耐寒性はありますが−５℃ぐらいが限界ですから、寒冷地では鉢植えにして凍らない程度に保温する必要があります。白・薄いピンク・藤色など花色に幅があり、斑入り品種もあります。日陰にも耐えますが、花つきは悪くなり色も冴えなくなるので日なたで育てます。

● スイートピー 'マトゥカナ'
Lathyrus odoratus 'Matucana'
マメ科　一年草（越年草）
花期４〜５月　ツルの長さ1.5〜2.5m

イギリス王立園芸協会も
評価する優れた栽培品種

スイートピーは日向でないと育ちません。巻き髭のある葉を出して絡みつきますから、あまり太い支柱だと絡みません。'マトゥカナ'は1699年にシチリア島から紹介された古い栽培品種です。よい香りがしてイギリス王立園芸協会のガーデンメリット賞（AGM）を与えられた優れた植物です。

冷涼な気候のもとで
本領を発揮する「憧れの花々」

アルケミラやアストランティアをはじめ、北海道の冷涼な気候のもとでこそ本領を発揮する植物は、関東標準の気候下に住むガーデナーたちにとっては「憧れの花々」です。ダメとわかっていても、咲かせてみたくなる…。土の工夫や植える場所によって、成功することもあるので、諦めきれませんね（笑）

左手前の黄色い小花はキンポウゲの仲間、その奥の白い穂はヤマブキショウマ、ピンクの花はキョウガノコ。

● モモバキキョウ（カンパニュラ ペルシキフォリア）
Campanula persicifolia
キキョウ科　宿根草・高山植物
花期 5 ～ 6 月 高さ 60 ～ 90cm ／幅 30 ～ 50cm

すっと伸びた花茎に咲く爽やかなベル型の花
キキョウをにぎやかにした感じのカンパニュラで、すらりとしていて涼やかで上品です。花色は青紫の濃淡と桃色と白があり、一重の他、二重・八重咲きと花形が豊富です。黄金葉や矮性の栽培品種もあります。冷涼な気候と水はけのよい土壌を好み、温暖な地域では鉢植えを基本とし、地植えの場合は山砂を客土します。わりと寿命が短めなので、株が元気なうちに種や株分けで更新します。

● アルケミラ モリス
Alchemilla mollis
バラ科　宿根草・高山植物
花期 5 ～ 7 月／高さ 30 ～ 60cm ／幅 30 ～ 60cm

雨が降ると葉の上を水滴がコロコロ転がる
優しいふんわりとした印象を受ける植物で、雨を水滴にして弾く浅緑色の葉、細かな黄色の花など、どこか周囲を和らげる雰囲気をもっています。冷涼な気候と水はけのよい土壌を好み、温暖な地域では高山植物として扱い山砂で植えます。コンパクトなアルケミラ エリスロポダ *A. erythropoda*、葉の切れ込みが深いアルケミラ ヴルガリス *A. vulgaris* も同様にして栽培できます。

●アストランティア　マヨール
Astrantia major

セリ科　宿根草・高山植物
花期5〜7月
高さ50〜90cm／幅30〜50cm

冷涼な地域で本領を発揮する
憧れのアストランティア

独特の形の花は白花が基本ですが、栽培品種には薄紫から紅色まであります。きれいな斑入り葉もあります。温暖な地域では高山植物として扱い、囲った中に山砂を客土して植えます。あまり移植を好みませんから、一度植えたら株分けなどをする時以外は動かしません。

●ヤグルマソウ
Rodgersia podophylla

ユキノシタ科　宿根草
花期5〜6月
高さ50〜100cm／幅30〜100cm

ガーデンプランツとしても魅力的

日が当たると独特のブロンズ色になる、特徴的な形の葉が印象的な宿根草です。山地の森林の湿った場所や沢筋に生えます。花はアスチルベに似た感じのフワフワした花穂で、大きな株にならないと咲きませんが一見の価値があります。頑丈な岩のような根茎をもち、かなり根が張るのでじゅうぶんな場所を確保してください。そして、それだけの価値がある植物です。山の植物ですが暑さに強く、なぜこれまで園芸化されなかったのか疑問に思うほどです。

ブロンズ色を帯びた大きな葉がヤグルマソウ。　小さな白い花はアネモネ カナデンシス。

冷涼な地域でひときわ美しく咲く花々

冷涼な地域では、多くの植物がひときわ美しく咲きます。真夏の最高気温が25℃程度という高原の冷涼な気候のもとでは、ひとつひとつの植物のフォルムも、きりりと引き締まって見えます。正面の玄関まわりに配置した植物の端正な構成がみごとです。

① ●カシワバアジサイ スノー フレーク（‘ブリード’）
Hydrangea quercifolia Snow flake (‘Brido’)
アジサイ科(ユキノシタ科)　灌木
花期5〜7月／高さ2〜3m／幅2〜3m

初夏の白い花と秋の紅葉がすばらしい

柏の葉のような葉が特徴的なアメリカ大陸南東部原産のアジサイです。大きな花穂がすばらしく、秋の紅葉も重厚な色合いになり魅力的です。日本では主に八重咲きの‘ブリード（Brido）’が栽培されています。よくスノーフレークと呼ばれていますが、これは商品名です。もっと花が密集するもの、コンパクトに育つもの、黄金葉のものなどがあります。花芽は枝の先端に着くので、剪定は花後におこなってください。

② ●シモツケ‘ゴールドフレーム’
Spiraea japonica ‘Goldflame’
バラ科　灌木
花期5〜8月（葉は3〜10月）／樹高90〜120cm／幅90〜120cm

剪定なしできれいな樹形を保つ

シモツケのきれいな黄金葉の栽培品種です。新芽の部分は赤味を帯びて鮮やかで、かわいいピンクの花を咲かせます。そして秋にはオレンジ色に紅葉します。落葉樹ですから冬は寂しい限りですが、華やかさと強耐寒性がそれを補ってあまりあります。樹形は放置してもきれいな半円球になるので剪定の手間がいりません。古い枝が多くなって花つきが悪くなれば、春の芽出し前に根元からバッサリ刈り込んで枝を更新させます。

③ ●ニセアカシア‘フリーシア’
Robinia pseudoacacia ‘Frisia’
マメ科　花木
花期5〜6月（葉は4〜10月）／樹高7〜10m／幅5〜10m

成長が早く、大きくなり過ぎる点にご注意

鮮やかな黄緑色の葉と白いフジのような花が咲いて観賞価値はすばらしく高いのですが、とにかく大きくなるので小さな庭には向きません。根が浅いので台風などの嵐で倒れやすい欠点もあります。幸い萌芽力が強く強剪定が効き、成長が早いので大きくなり過ぎたら伐採して、一から仕立て直すという手段が使えます。日なたで育て、水はけのよい土壌で育てます。蜜源植物としてよく知られていて、ミツバチを飼っていて広い土地のある人にお勧めです。根で殖えるので、芽生えを見たら即座に抜き捨ててください。

●バラ'つるアイスバーグ'
Rosa 'Iceberg Climbing'
バラ科　灌木(つる)
花期 返り咲き／つるの長さ2.5m

世界バラ会殿堂入りの名花 アイスバーグの枝変わり

世界中の人たちから愛される名花アイスバーグの枝変わり種です。半八重中輪の白く美しい花、トゲの少ないしなやかな枝、艶やかな照り葉などを受けつぎつつ、つる性を備え、壁面やアーチに素敵なシーンを作りだしてくれます。株が育つまでは ほぼ一季咲きですが、株が充実するにつれて、返り咲き性を強めていきます。

●バラ'ランブリング レクター'
Rosa 'Rambling Rector'
バラ科　灌木(つる)
花期 一季咲き／つるの長さ4m

ノイバラの血を引く 丈夫でよく伸びるつるバラ

黄色のシベが美しい半八重の白い花が、空から降るように咲く様子は、「年に一度このシーンに出会えるのなら、一季咲きでも満足」と、ロザリアンたちを納得させるすばらしさ。ほぼ無農薬で育てられるほど病害虫に強く、薬剤散布なしで栽培が可能です。伸長力が旺盛なので、広い壁面や大きなアーチ、パーゴラなどに向きます。

花の咲く季節が
いっせいにやってくる

北海道では、花の季節が一気にやってきます。そして長い冬の後に春が来ると、すぐに初夏。盛夏が過ぎた頃にはもう秋の気配が近づいている、というように、花の季節は猛スピードで駆け抜けて行きます。日本中のどの地域よりも贅沢に、美しく咲く、北海道帯広の紫竹ガーデンの春から秋の花と実です。

100m以上も続く宿根草ボーダーガーデン。紫とピンクの花穂はルピナス。

●ユリ オリエンタル ハイブリッド
Lilium Oriental hybrids
ユリ科　球根
花期6～8月
高さ60～200cm／幅30cm前後

庭に欲しい
清楚な白い花

日本のヤマユリやカノコユリなどを基に作り出された、大輪で香り高い華麗な花を咲かせる品種群です。日本原産の野生種が基ですから日本の気候によく適合します。明るい日陰で育て、いつも適度に湿っている水はけのよい土壌を好みます。土を30cmぐらい盛って花壇にした場所に植えるとよいでしょう。球根は球根の高さの3倍ぐらいに埋めて根をしっかり張らせます。

●シラネアオイ
Glaucidium palmatum
キンポウゲ科(シラネアオイ科)　宿根草・高山植物
花期4～5月／高さ20～50cm／幅30cm前後

温暖な地域では
山砂で鉢植えにして

中部地方以北の日本列島の特産で、山地の森林の湿った場所や沢沿いに生えます。花色は、白花や濃紫があり、ぼかし覆輪模様や八重咲きもあります。明るい日陰で育て、夏は日陰へ。肥沃でいつも適度に湿った土壌を好みます。温暖な地域では鉢植えとし、高山植物用の山砂に刻んだミズゴケを少し混ぜたもので植えてください。

●ボタン
Paeonia suffruticosa
ボタン科　灌木
花期4～5月／高さ1～2m／幅1～2m

開花期には傘を差しかけて
直射日光から守る

絢爛豪華な花は「花の王」の呼び名に恥じないものです。花芽は枝の先端部につきます。販売されている鉢ものはシャクヤク台に接がれているので、植える時に根元から15cmほど深く埋めて植え、自根の発達を促します。植えつけ適期は9～10月上旬です。開花期に傘などを差しかけて直射日光から花を守るのは、趣もありよいものです。

　●日なたが好き　●日なた～明るい日陰が好き　●明るい日陰が好き　●明るい日陰～日陰が好き

●ダリア

Dahlia

キク科　宿根草・球根植物

花期7〜11月

高さ30〜150cm／幅30〜100cm

花の大きさも色も咲き方も　様々な品種が豊富にある

膨大な数の栽培品種があり、青系以外の色はほぼすべてあるといって過言ではないでしょう。豪華な巨大輪の品種が流行りましたが、開花連続性や手間を勘案するに小輪から中輪ぐらいまでの品種が使いやすく、合わせやすいでしょう。関東地方以西の低地では夏の花はベストとはいい難いのですが、秋の花は品種本来の色と形に咲き、霜が降りるまで咲いてくれますから秋花壇の主力となります。

●エキナセア プルプレア

Echinacea purpurea

キク科　宿根草

花期6月／高さ30〜90cm／幅30〜90cm

丈夫で花もちがよく　大きめの花が目を引く

北米大陸東部の原産で明るい紫色をした大輪の花がよく目立ちます。花色には多少の濃淡と白花があります。日なたで育て、水はけのよい土壌を好みます。密植すると蒸れて葉が傷みますから、株間を広めにとって風を通すようにします。最近の栽培品種は花色がより豊富になり、高さ30cmぐらいの矮性種もあります。栽培法は同じです。

●クロコスミア

Crocosmia

アヤメ科　宿根草

花期6〜9月／高さ60〜100cm／幅30〜100cm以上(群生)

道端のクロコスミアは　猛烈に殖える!

温暖な地域では日当たりのよい道端に群生していることもあるぐらい、丈夫で暑さに強い植物です。花はオレンジから朱赤・濃い黄色があります。地下茎を伸ばして旺盛に殖え、開花期間が長いので夏花壇に最適。多少の乾燥にも耐えてくれます。紫竹ガーデンで越冬できているのは耐寒性の記録更新です。北海道の人は試してみてください。

●モナルダ

Monarda spp.

シソ科　宿根草

花期6〜8月／高さ60〜100cm／幅30〜80cm

短命な宿根草なので　種から後継苗を作る

段々になって咲く花がおもしろい北米大陸原産の植物。栽培されているのは濃い赤・桃や白花を咲かせるモナルダ ディディマ、淡い紫や白の花が咲くモナルダ フィスツローサと交配種です。いずれも日なたか午前中日の当たる明るい日陰で育てます。蒸れで傷みやすいので株間を広めにとって風を通すようにします。

●ツルウメモドキ

Celastrus orbiculatus var. orbiculatus

ニシキギ科　つる性樹木(落葉性)

花期5月(果実は10〜12月)／つるの長さ5〜10m以上

しなやかな枝を丸く巻くと　素敵なリースに

黄色い殻と赤い種の対比が美しく、成長が早いので小品盆栽としてよく販売されている落葉樹です。葉は黄葉します。雌雄異株で、メス株でないと実がつきません。地植えにするとかなり大きくなるので、それを利用してフェンスに絡げるのもおもしろいでしょう。剪定は2月に、前年伸びた枝を半分から1/3ほど残して切り詰めます。

庭作りの鍵をにぎる「葉」

心地よい庭に共通するのは、じゅうぶんな量の「緑」があることです。右ページの写真のように、ほとんどが植物の「葉」で構成されているところに、ポツンポツンとトラデスカンチアの青い花が入っているくらいの割合でも、かえって気持ちのよい心休まる庭のシーンができあがります。「葉」の量といっしょに、それぞれの植物のもつ「葉」の形、質感などを考えて選べるようになると、庭は確実に一歩前進ですね。

栃木県那須町のガーデンショップ「リーフハウス」のモデルガーデン。植えられている植物の「葉」の色や形、好む場所などを実際に確かめながら植物を選びます。

●サラサウツギ
Deutzia crenata f. plena
アジサイ科(ユキノシタ科)　灌木
花期5〜6月／樹高2〜3m／幅2〜3m

初夏の庭に溢れ咲き
豊かな光景を作り出す

整った形のサラサウツギの花が枝いっぱいに咲く様子はたいへんによいものです。剪定は花後か休眠中におこないます。勢いよく出るシュートに翌年・翌々年よい花がたくさん咲きますから、切り詰めるより古い幹を間引いてよい状態を保ちます。純白八重咲きのシロバナヤエウツギ、薄紫色で一重のムラサキウツギもあります。

●ヘンルーダ
Ruta graveolens
ミカン科　宿根草／ハーブ
花期6〜7月／高さ50〜100cm／幅30〜60cm

ハーブの「ルー」と呼ばれ
強い香りが除虫効果をもつ

細かに切れ込んだ青みを帯びた緑の葉が美しいヘンルーダは西アジアの原産で、平安時代には薬として日本にも輸入されていました。生きた実物がやってきたのは江戸時代で「松が枝るうだ」と呼ばれていました。乾燥に耐えますが、蒸れるのが苦手ですから、水はけのよい土壌で株間を広くとって風通しよくしてあげてください。

●ルブス　パルヴィフォリウス（ナワシロイチゴ）
'サンシャイン スプレーダー'
Rubus parvifolius 'Sunshine Spreader'
バラ科　灌木
花期5〜7月／高さ10〜20cm／幅100から200cm

明るい黄金葉が
すばらしくきれい

ナワシロイチゴの黄金葉の栽培品種です。伸びたつるの先が地面について根づいて殖えてゆきます。花が咲いた2年目の枝は枯れるので、伸びたつるを地面に留めて根を出させてください。花はピンク色で閉じたままです。剪定は花後に枯れた枝を取り除く程度でよく、枝数を増やしたい時は伸びている枝を2、3回切って分枝を促します。

●ペンステモン ジギタリス
'ハスカー レッド'
Penstemon digitalis 'Husker Red'
オオバコ科(ゴマノハグサ科)　宿根草
花期5〜6月／高さ50〜100cm／幅30〜50cm

赤・青・黄色の三原色の
花色がすべてそろう

ペンステモンは三原色の花色がすべてある植物です。いろんなタイプがありますが、日本では、この'ハスカーレッド'が目立ってよく流通しています。それだけ見栄えがして日本の気候によく適合しているということでしょう。野生型は北米大陸の東部から中部の草原などの日当たりのよい場所に生え、緑の葉で、白か薄い桃色の花が咲きます。

●トラデスカンチア アンダーソニアナ系
Tradescantia Andersoniana Group
ツユクサ科　宿根草
花期5〜7月／高さ30〜60cm／幅30〜50cm

花のない時期は葉を楽しめる
一般にオオムラサキツユクサと呼ばれている宿根草です。北米大陸産の種類を基にした交配種で、暑さ寒さともに強く、花がなくてもオーナメンタルグラス的な美しさがあります。'スイート ケイト'は明るい黄色の葉が魅力。最近の交配種は紫以外にも白・桃・赤紫・複色など、花色のバリエーションが増え、花も大きくなり宿根草としての価値が高くなりました。日なたか午前中日が当たる明るい日陰で育て、水はけのよい肥沃な土壌を好みます。

栃木県那須町／リーフハウス 羽田乃充・奈美さんの庭

栃木県那須町／リーフハウス 羽田乃充・奈美さんの庭

①🟠ヤマボウシ

Cornus kousa

ミズキ科　樹木
花期6〜7月／樹高5〜10m以上／幅3〜8m以上

秋に赤く熟す実も甘くておいしい

初夏に咲く白い四弁の苞が星のようなヤマボウシは、樹形も美しく、秋の紅葉も鮮やかです。秋に赤く熟する丸い果実はとても甘くておいしく、山の木の実の中で極上のものです。ベニヤマボウシと呼ばれる苞が赤いものには花弁の先の尖った‘紅富士 Beni-fuji’（山下信夫作出）と、丸弁の‘サトミ Satomi’（吉池貞蔵作出）などがあります。剪定は枯れ枝や不要枝を取り除くだけでじゅうぶんで、強剪定するとかえって樹形を乱します。狭い場所には向かない木です。

②🟡フキ

Petasites japonicus

キク科　宿根草／野菜
花期2〜3月／高さ30〜50cm／幅50〜200cm以上（群生）

食べられる円い葉

山菜として有名で、早春の黄緑色の花も楽しく、後から出てくる丸い大きな葉も食べられます。葉柄に赤みが差すベニブキや錦ブキと呼ばれる斑入り品などがあります。日なたか明るい日陰で育て、いつも湿った肥沃な土壌を好みます。地下茎が伸びて旺盛に殖えるので、囲った中に植えるか、一面に茂っても問題ない場所に植えてください。アキタブキ subsp. giganteus は全体壮大なフキの亜種で60〜200cm、葉の直径50〜150cmに達します。

③🟡ウラハグサ‘オーレオラ’（キンウラハグサ）

Hakonechloa macra ‘Aureola’

イネ科　宿根草／オーナメンタルグラス
鑑賞期4〜10月／高さ20〜40cm／幅30〜60cm

風知草（フウチソウ）の名前で知られるウラハグサ

風知草の名でよく知られているウラハグサは日本列島の特産で、山地の崖や尾根などに生えています。冬枯れの姿も風情があり、オーナメンタルグラスとして最優秀のもののひとつです。‘オーレオラ’は芽が出て葉が成長している春の間は日なたに置いてください。日陰だと斑が不鮮明なままになり、後から日に当ててもきれいな色にはなりません。春に芽が出る前に枯れ葉は刈り払います。

④🟢ギボウシ‘寒河江’

Hosta ‘Sagae’

キジカクシ科（ユリ科・リュウゼツラン科）　宿根草
花期7〜8月／高さ60〜100cm／幅100〜150cm

ギボウシの最優秀品種として知られる

青みを帯びた緑に鮮やかな黄色の覆輪が美しく、ギボウシの最優秀品種のひとつに数えられています。山形県寒河江市で栽培されていたものが、園芸家として名高かった平尾修一氏によって世に広められました。よく知られた栽培品種ですが、登録されたのは1996年です。大型の品種ですから、植える時は先のことを考えて場所に余裕をもたせておきましょう。

⑤🟢ギボウシ‘ハルシオン’

Hosta ‘Halcyon’

キジカクシ科（ユリ科・リュウゼツラン科）　宿根草
花期7〜8月／高さ30〜50cm／幅60cm前後

青い葉の宿根草の中でピカイチ

1988年に E. スミスと BHHS（※）の登録。中型のギボウシで、日本でも定評のある栽培品種です。宿根草で青を感じさせる葉ものはギボウシの独壇場といっても過言ではありませんが、その中でも秀逸のものです。花は薄い青紫色。割と密につくので見栄えがします。
※ British Hosta and Hemerocallis Society

⑥🟢ギボウシ‘ホワールウィンド’

Hosta ‘Whirlwind’

キジカクシ科（ユリ科・リュウゼツラン科）　宿根草
花期7〜8月／高さ30〜50cm／幅80〜100cm

動きのある葉が花壇を躍動的に

1989年、J. クルパの登録。きれいな白中斑の栽培品種で、夏には少し緑色がのります。葉はやや立ち性で、上半分が少しよれるので動きのある形です。花は薄い藤色で花茎の先に密集して咲きます。こういった立ち葉で動きのある形のものを取り入れると、花壇が躍動的に見えて楽しいものです。

⑦🔵ヤマアジサイ‘白扇’

Hydrangea serrata ‘Hakusen’

アジサイ科(ユキノシタ科)　灌木
花期5〜6月／高さ20cm前後／幅20cm前後

白い手まり咲きのヤマアジサイ

山口清重の発見・命名。白花の手まり咲きで野生選抜品種です。最初は緑色を帯びていて、だんだん白く冴えてきます。茎は細くて花の重みで垂れやすいので、地植えにするより鉢植えに向きます。明るい日陰か日陰で育て、いつも湿った水はけのよい肥沃な土壌を好みます。とにかく水切れには弱いので、毎日水を与えてください。剪定は花後の切り戻しの他は、枯れ枝を取り除く程度でじゅうぶんです。

⑧🟡クサソテツ（コゴミ）

Matteuccia struthiopteris

イワデンダ科　宿根草
鑑賞期4〜10月／高さ30〜100cm／幅30〜50cm以上（群生）

秋に出る胞子葉は鳥の羽のような形でおもしろい

コゴミの名でいまや山菜としてすっかりメジャーになった感のあるクサソテツは低山から山地の湿った場所に群生するシダです。芽立ちの形と姿が美しく、他の植物をよく引き立てます。寒冷地向けの植物ですが、温暖地でもなんとか暑さに耐えてくれます。地下茎を伸ばして殖えます。子株を切り離す他、子株のついている地下茎を7〜8cmの長さに切り分けて植えておくと新芽を出して新しい株になります。胞子葉は自然にドライフラワーになって冬の庭におもしろい造形美を加えます。

🟠日なたが好き　🟡日なた〜明るい日陰が好き　🟢明るい日陰が好き　🔵明るい日陰〜日陰が好き

球根コンビネーション花壇の作り方

「球根花壇」というと、チューリップやスイセンがずらりと並ぶシーン
が浮かびそうですが、よりナチュラルに、季節といっしょに変化してゆ
く球根植物の使い方が注目を集めています。春の訪れがいっそう楽
しみになる球根コンビネーション花壇です。

オランダのガーデンデザイナー、ジャクリーン・ファン・デル・クルートさんが手がけた球根コンビネー
ション花壇。

純白のスイセンはナルキッサス 'タリ
ア'。黄色のスイセンはナルキッサス
'ハウェラ'

■ナチュラルの秘密は　ミックスとランダム

上の写真は大きな木の下の陽だまりに、白い
チューリップや純白のスイセンが、自然に咲
いているかのようなナチュラルな雰囲気の植
栽です。ポイントは球根の植え方。秋に球根
を植えつける時に、チューリップやスイセン、
ムスカリ、アネモネなど、まず数種類の球根
を必要数、バケツなどの中で混ぜておくこと。
混ざった球根を両手にすくい、思いっきり両
手を伸ばして、植えたい場所にポーンとばら
播き、落ちたところにそのまま丁寧に植え込み
ます。チューリップやスイセンは 15cmほどの
深さに。アネモネやムスカリは、それぞれ球
根の高さの2倍ほどを目安に深さを決めます。

■球根＋多年草・一年草

秋、球根といっしょに、ミオソティスやビオラ、
アリッサム、ノースポールなどの一年草の苗
を植えつけておきます。ラムズイヤーのような
多年草を加えてもよいでしょう。すると翌年、
春の訪れと共にチューリップやスイセン、ムス
カリなどの球根植物が花を咲かせ、ミオソティ
スやアリッサムなどの小花が地面を覆い、美
しいコンビネーションを見せてくれます。ノー
スポールのギザギザの葉やラムズイヤーの柔
らかな銀灰色の葉も日一日と存在感を増し
て、季節の移り変わりといっしょに刻々と変化
していく庭です。いつまで眺めていても飽きる
ことのない光景を作り出します。

赤やピンクのチューリップに水色
のムスカリとピンクのミオソティ
ス アルペストリスが加わって、春
爛漫の楽しさいっぱいのシーンを
作っている。

第3章　庭の植物の選び方

「こんな庭が好き」というイメージがさらに明確になってきたら、そのイメージを実現する植物を選びましょう。そして植物を植えたら、必ずその結果を検証します。検証することで、成功は次の成功につながり、失敗もまた、次の成功を呼び寄せてくれます。

北海道千歳市／MEON農苑　近 東志勝・千佳子さんの庭

小さな庭を飾るガーデンローズ

花の季節、思わず立ち止まって見とれるほど美しいシーンを作り出してくれるのは、やっぱりバラ。街をガーデンに変える力をもつ植物です。初夏には花、秋にはヒップを楽しめる一季咲きのバラ。繰り返し咲いてくれる四季咲きのバラ。日本の小さな庭で扱いやすく、他の植物と合わせやすいガーデンローズ10品種です。

東京都八王子市／鈴木真紀さんの庭

●フランソワ ジュランビル
François Juranville
つる樹形／一季咲き／中輪・ロゼット咲き／5m／中香

**下垂させた枝にも
たくさんの花を咲かせる**

一季咲きですが、「一年に一度、この美しさに会えれば満足」と思わせる強い魅力を放つバラです。花の形はロマンティックなロゼット咲き。よく伸びる枝はしなやかで誘引しやすい。家の北側や半日陰でも咲く強靭さをもち、頼りになるバラです。

●メイ クイーン
May Queen
つる樹形／一季咲き／中輪・ロゼット咲き／4m／中香

**夢のように美しいシーンを
見せてくれるピンクのバラ**

ヨーロッパの絵画に登場するようなクラシックな雰囲気をもつこのバラが季節最初の花を咲かせた瞬間、あたりの空気がパッと華やかに変わります。アーチやパーゴラに誘引して、下垂する枝に咲くピンクのつるバラの魅力を満喫します。

●日なたが好き　●日なた～明るい日陰が好き　●明るい日陰が好き　●明るい日陰～日陰が好き

●ニューサ
Neusa
木立樹形／四季咲き／小輪・一重咲き／0.8m／微香

野ばらの雰囲気と
コンパクトな樹形を備える
ノイバラのような一重の白い花は、季節によってほんのりとピンクを帯びます。春から冬まで、ずっと咲き続ける完全四季咲き性。ふわっとコンパクトにまとまる樹形は、鉢植えにも生け垣風の列植にも。庭の他の植物と合わせやすいバラです。

●コーネリア
Cornelia
つる樹形／繰り返し咲き／小中輪・丸弁咲き／1.8m／中香

どこで切っても
咲いてくれるバラ
小さな庭の都合に合わせて枝をバシバシ切っても間違いなく咲いてくれる頼りになるバラです。アプリコットピンクの花と濃い色のツボミの対比が美しく、秋のヒップもかわいい。葉はマット、香りはムスク系。トゲが少なくて扱いやすいです。

●ギスレーヌ ドゥ フェリゴンド
Ghislaine de Féligonde
つる樹形／返り咲き／中輪・ポンポン咲き／3m／微香

美しさの中に
ノイバラの強さを秘める
5月の光そのままのオレンジ色から散り際の白まで、花束のようなグラデーションがすばらしいバラです。ノイバラの血を引く強健さを備え、ほぼ無農薬でOK。横張りに枝を伸ばすので、フェンスや窓辺に誘引してもきれい。トゲが少ないのもマル。

●スノー グース
Snow Goose
つる樹形／四季咲き／小輪・ポンポン咲き／3m／中香

トゲが少なく誘引しやすい
しなやかな枝をもつ
クシュクシュと動きのある花弁をもつ花が房になって咲きこぼれます。清楚な白い花は、どんな色のバラとも合わせやすく、さらにお互いの魅力を倍増させる威力を発揮します。庭の草花を引き立てながら、自分自身も輝く実力派のバラです。

●伽羅奢（ガラシャ）
Gracia
つる樹形／四季咲き／小輪・一重咲き／2m／微香

桜を思わせる花が
降るように咲く
淡いピンクの花が、大きな房になって咲きこぼれる様子は、春爛漫の桜を連想させます。紫系のバラやクレマチスをはじめ、他の植物と合わせると、みごとなシーンを作ります。耐病性もあるので育てやすく、秋にはヒップも楽しめます。

●バフ ビューティ
Baff Beauty
つる樹形／繰り返し咲き／中輪・丸弁咲き／2m／中香

ハイブリッドムスクの
傑作と評される名花
開花が進むにつれて淡く褪色していく花色のグラデーションは、思わず見とれる美しさ。しなやかに枝を伸ばし、樹勢も強く、耐病性もあるので、育てやすいバラです。ノイバラとの交配から誕生したハイブリッドムスクの名花のひとつ。

●バレリーナ
Ballerina
つる樹形／繰り返し咲き／小輪・一重咲き／1.5m／微香

小さな庭の小さなスペース
に合わせやすい
住宅の小さめのフェンスや玄関まわりのサイズに合わせて、遠慮なく枝を切っても大丈夫。かわいい一重の花をあふれるように咲かせてくれる、こちらもハイブリッドムスクの名花です。花がらを残せば、秋に赤い小さな実をたくさんつけます。

●ガーデン オブ ローゼス
Garden of Roses
シュラブ樹形／四季咲き／中輪・ロゼット咲き／1.5m／微香

コンパクトな樹形で
秋の花つきもすばらしい
アプリコット色の優美な花があふれるように咲き、秋の花つきも抜群です。耐病害虫性を重視するドイツのADR賞を受賞、オーガニックで美しく咲くバラとして高く評価されています。鉢植えでコンパクトに育つので玄関まわりに置くとみごと。

庭のクレマチス

クレマチスはキンポウゲ科センニンソウ属（またはクレマチス属）の植物です。「つる植物の女王」と呼ばれ、花色も花型も葉も多種多様で、庭の主役にも脇役にもなれるオールラウンダーです。花の開花の時期も品種によって幅が広く、早春3月に咲くアーマンディ系から始まって、様々な品種のクレマチスがあふれ咲く4月、5月、6月。盛夏の頃にも繰り返し咲く花を楽しんだ後は、秋から真冬を経て春まで咲くシルホサ系のクレマチス、というように、ぐるっと1年間をクレマチスでつなぐこともできます。自由気ままにつるを伸ばして、庭にナチュラルなシーンを演出してくれるのもクレマチスだからこそ。つる植物の魅力を堪能できる植物です。

埼玉県毛呂山町／グリーンローズガーデン

●リトル ボーイ
Little Boy
インテグリフォリア系／新枝咲き／
花期5〜10月

初夏から秋まで
ずっと咲き続けてくれる
リトル ボーイは四季咲き性で花期の回転が早く、40日くらいで次の花が咲き始めます。6月の初旬に一番花が咲いて6月末に剪定をすると7月末に二番花。8月20日過ぎに剪定した後、9月中旬に三番花が咲く、という感じで、初夏から秋までずっと咲きます。半つる性で自分ではあまり絡まないので、ワイヤーに留めながら誘引します。

●ハンショウヅル
Clematis japonica
野生種／新枝咲き／花期5〜6月

山地や林縁に自生する
丈夫な日本の固有種
「庭にナチュラルな雰囲気を出したい」という時に選ぶと、とても効果的。庭にほどよい野趣を添えてくれます。濃い赤褐色のベル型の花が、リズミカルに咲く様子も楽しく、野生種の花のもつ素の可憐さは見飽きることがありません。

●白万重
Shiromane
フロリダ系／新旧両枝咲き／花期5〜10月

薄緑色の花が中心から
白く咲き進んでゆく
咲き始めは花の中心で固く閉じている花弁が、ゆっくりと華やかに展開していきます。ひとつの花を1カ月ほどかけて咲かせる白万重は、きわめて花もちがよく長く楽しめます。早めに切り戻すと、年に2〜3回、花を見ることができます。

●プリンス チャールズ
Prince Charles
ヴィチセラ系／新旧両枝咲き／花期5〜10月

花弁の先が反り返る
魅力的な花型の人気品種

光沢のあるクリアなパステルブルーの花色とリズミカルな花型が魅力。バラと開花のタイミングを合わせやすく、多花性なのでいっしょに咲かせると、目を見張るほど華やかな光景を見せてくれます。数あるクレマチスの中でも人気の品種。

●シルホサ
Clematis cirrhosa
シルホサ系／旧枝咲き／花期10〜3月

秋から真冬、春まで
咲き続ける清楚な白い花

花が少ない冬の時期に、ベル型の白い花を咲かせる「冬咲きクレマチス」。11月頃に旧枝に花をたくさん咲かせ、新芽を伸ばします。早春までずっと花を咲かせてから、春夏は休眠。休眠中は枯れたように見えますが、捨てないようにご注意。

●フルディーン
Huldine
遅咲き大輪系／新枝咲き／花期5〜10月

パールのような光沢が輝く
美しい白い花

パールのような光沢をもつ中輪の白い花をたくさん咲かせる多花性の品種。旺盛につるを伸ばし、葉を茂らせるので、緑のカーテンを作れるほど。ガーデンでは、よく伸びる性質を生かしてアーチやフェンスに仕立てるとみごとです。

●流星
Ryusei
インテグリフォリア系／新枝咲き／花期5〜10月

銀色を帯びた
シックな藤色の花

すっきりとした花型の中輪の花は、銀色の光沢のあるシックな藤色で、濃い紫色のシベとの対比が際立ち、お茶花にも向きそうな独特の風情を感じさせてくれます。一輪ずつの美しさを、じっくりと観賞して楽しめるみごとな品種です。

●マダム ジュリア コレボン
Madame Julia Correvon
ヴィチセラ系／新枝咲き／花期5〜10月

赤色系のクレマチスの
定番人気品種

ワインレッドの4枚の花弁と、黄色の花芯のはっきりとした対比が鮮やか。丈夫で育てやすく、よく伸び、しかも多花性なので、ガーデンでアーチやフェンスに仕立てると、一面を赤い花が覆い、すばらしくゴージャスな光景を見せてくれます。

●アフロディーテ エレガフミナ
Aphrodite Elegafumina
インテグリフォリア系／新枝咲き／花期5〜10月

ビロードのような質感の
バランスのよい紫の花

4〜6枚の花弁がバランスよく配置された端正な花は、ビロードのような質感が陰影を添えて、抜群の美しさです。葉柄で絡まないので誘引が必要ですが、思い通りに枝を配置できるので、バラと組み合わせやすい品種です。

●踊場
Odoriba
ヴィオルナ系／新枝咲き／花期5〜10月

つるを旺盛に伸ばし
ガーデンを立体的に彩る

ピンクの覆輪に中心が十字に白く抜けたベル型の花が、こぼれるようにたくさん咲く、多花性で丈夫な人気品種です。花期が長く、繰り返しよく咲くので、バラと開花のタイミングを合わせやすい点も魅力。ガーデンを立体的に彩る花です。

●ナイト ヴェール
Night Veil
ヴィチセラ系／新枝咲き／花期5〜10月

深くシックな紫の花色が
庭に優雅な雰囲気を添える

一段と濃く深い紫色の花は、中心が白く抜け、濃い紫の花芯といっしょに絶妙の美しさを見せてくれます。オベリスクにもフェンスにも向き、多花性の花が咲きそろったところはひじょうに豪華です。比較的、暑さに強い品種です。

ゲラニウムの適地適作

フウロソウ科フウロソウ属の宿根草、ゲラニウムは、花のかわいらしさを見ても、葉の美しさを見ても、庭にぜひ植えたい植物です。いくつもの品種の中から選ぶ時に大切なのは、そのゲラニウムの適性です。冷涼な地域でなくては本領を発揮しない品種なのか？ 温暖な地域の夏の暑さにも適応してくれる品種なのか？ 適地適作をモットーに、庭の条件に合う品種を選びます。また、地面を這うタイプか？高さが40cm以上になるタイプか？ 草姿もチェックして植える場所と目的を考えましょう。

● ヒメフウロ
Geranium robertianum
一年草（越年草）
花期4〜5月
高さ30cm前後／幅20〜50cm

こぼれ種で殖えるかわいい花

寒冷地でも温暖な地域でも育てやすい植物。名前の通り小さなピンク色の花と繊細な葉は、庭の他の植物に寄り添って、思わず見入ってしまうような魅力的なシーンを作ります。夏の終わり頃に種を播くか、秋のはじめ頃に芽を出したものを小苗のうちに鉢上げして育て、大きくなったら根鉢を崩さないよう注意して定植します。こぼれ種から生えるに任せるのもよいでしょう。どちらの場合も、そのままではぐらぐらと動いて切れやすいので、大きく育てるためにも双葉のつけ根のあたりまで増し土して埋めるか、植え込む時にその位置まで埋めます。白花品もありますが国内では普及していません。葉の紅葉を楽しみたいならば日なたで育ててください。

暑さに強い

● ゲラニウム サングイネウム‘アルブム’
Geranium sanguineum ‘Album’
宿根草
花期4〜5月／高さ15〜30cm／幅20〜50cm

清楚な白い花
夏の暑さに強く育てやすい

別名白花アケボノフウロ。ゲラニウム サングイネウムの白花品です。茎と葉が鮮やかな緑色なので清純な印象を受けます。繊細な切れ込みの入った葉は、グラウンドカバーとしても美しく、春の一年草の後をきれいに覆ってくれます。

● ゲラニウム サングイネウム（アケボノフウロ）
Geranium sanguineum
宿根草
花期4〜5月／高さ15〜30cm／幅20〜50cm

暑さ寒さにとにかく丈夫
まずはこの種から始めよう

茎は上に伸びず、地を這うように広がります。根がかなり張るので地植え向き。鉢植えにするなら毎年植え替えます。品種がいろいろあり、集めてみるのも楽しいです。日陰では花つきが悪くなり花もショボくなるので日なたで育てます。

● ゲラニウム ‘ステファニー’
Geranium ‘Stephanie’
宿根草
花期5月／高さ40cm前後／幅40〜50cm

夏に強くマットな葉が
グラウンドカバーにも

葉はグレイグリーンで、濃紫の条が入る花が特徴です。寒い地域と温暖な地域が原産のゲラニウムの交配種なので、わりと幅広い温度に適応します。夏に強く、マットな葉がいつまでもきれいな状態で、花も繰り返し咲きます。

冷涼な地域で本領を発揮する

● ゲラニウム‘ジョンソズ ブルー’(p.47)

● ゲラニウム プラテンセ
Geranium pratense
宿根草
花期 5 月／高さ 60 〜 70cm ／幅 30 〜 50cm

温暖な地域では
本来の色が出にくい

ゲラニウムの野生種で、青系の重要な原種のひとつです。茎は直立して姿がよく、花も白花や絞りのもの、葉が紫色を帯びるものもあり、楽しみの多い種類です。ただ暑さで花色は赤味を帯びやすく、温暖な地域では本来の花色を見せることは稀です。

● ゲラニウム‘オリオン’
Geranium 'Orion'
宿根草
花期 5 月(10月)／高さ 50cm 前後／幅 30cm 前後

高さがあり
倒れにくいのが魅力

プラテンセ系の栽培品種で‘ジョンソンズ ブルー’と同じぐらいか、より大きい花が咲きます。色は濃く、茎が強く倒れにくく、開花期間も長いです。栽培は‘ジョンソンズ ブルー’に準じてください。紅葉もきれいです。

● ゲラニウム ファエウム（クロバナフウロ）
Geranium phaeum
宿根草
花期 5 月／高さ 50 〜 70cm ／幅 30 〜 50cm

暑さに弱く
冷涼な地域に向く

特異な色と形の花で一度見たら忘れられないゲラニウムです。茎が真っ直ぐに立ち倒れにくいので狭い花壇でも見苦しくありません。花色は白花や色の濃淡があり、葉の紋様がきれいなものなど、いくつかの栽培品種があります。

● ゲラニウム マクロリズム
Geranium macrorrhizum
宿根草
花期 5 月／高さ 30 〜 45cm ／幅 30 〜 50cm 以上（群生）

花茎を長く伸ばし
先端に桃色の花を咲かせる

ヨーロッパの森林や低木林の石灰岩地の礫原や崖に生えます。葉は株元に群がってつき、長く伸び出した花茎の先端に、直径 2 センチほどの桃色の花が横向きに咲きます。強健種で、地下茎を長く伸ばしてみごとな大株に育ちます。

光を集めるイネ科の植物

光を集めて輝きながら風にそよぐ姿が、イネ科の植物のいちばんの魅力です。初夏に穂を上げるもの、秋に穂を上げるもの、常緑のもの、紅葉するものがあり、日なたから日陰まで、いろいろな条件に対応できる種類があります。病害虫があまりつかないので、手入れが行き届きにくいところにも植えやすく、逆に自分でどんどんはびこり、根が深く張るものが多いので殖え過ぎて困る場所には不向きです。

●タカノハススキ
Miscanthus sinensis f. zebrinus
宿根草
花期 10 〜 11 月／高さ 2m ／幅 2m 以上

日なたで育てると
きれいな斑が出る

ススキを代表する斑入りの栽培品種です。穂の色・出穂時期の早晩・斑の疎密に個体差が見られますが、すべて同じ品種として流通しています。気に入った個体に出会ったら迷わず買ってください。かなり大型になり、根も張るので鉢植えには不向きで、地植えでも広い場所が必要です。春の芽が出る前に根元から枯れ葉を刈ってください。

●ミューレンベルギア カピラリス
Muhlenbergia capillaris
宿根草・オーナメンタルグラス
花期 9 〜 11 月／高さ 60 〜 90cm ／幅 60 〜 90cm

紫色の穂が
幻想的な雰囲気を作る

夏の終わり頃から秋に紫色を帯びた赤い葉をつけます。紫以外にも 'White Cloud' という白い穂の栽培品種もあります。常緑の細い葉も価値の高いものです。日なたで育てます。土壌は水はけがよいほうがよく、多少の干ばつに耐えます。春の芽出し前に刈ってください。北米中部〜東部原産で草原に生えるイネ科の植物です。

●パニクム ヴィルガツム
Panicum virgatum
宿根草・オーナメンタルグラス
花期 7 〜 10 月／高さ 90 〜 180cm ／幅 30 〜 90cm

秋の日差しを集めて
美しく輝く

北米の冷温帯からメキシコまで広く見られ、かつてこれらの地域にあった大草原（プレーリー）の主役であった植物です。ベニチガヤのように葉に紅色が差すもの、青っぽいものなど、カラーリーフとしても楽しめる栽培品種があります。根が深く伸び干ばつに耐え、暑い気候でよく育つ植物です。日なたで育てます。

●カラマグロスティス ブラキトリカ
Calamagrostis brachytricha
宿根草・オーナメンタルグラス
花期 10 〜 11 月／高さ 90 〜 120cm ／幅 60 〜 90cm

秋が近づくと
穂が淡い紫色に色づく

秋が近づく頃から、ベージュ色の穂が淡い紫にきれいに色づきます。草型が真っ直ぐなのでむやみにかさばらず扱いやすいです。東アジア原産で日本の気候によく合うイネ科の植物です。日なたが好きですが乾燥を嫌います。分類学上、在来のノガリヤスと同品とする見解もありますが、草型や穂の密度に差が大きいので別種としておきます。

●ペニセツム オリエンターレ
Pennisetum orientale
宿根草・オーナメンタルグラス
花期 8 〜 10 月／高さ 50 〜 100cm ／幅 50 〜 100cm

ピンクや白の穂が
庭に秋の雰囲気を添える

濃いピンク色をした短めの穂の 'Karley Rose'、白くて長い穂の 'Tall Tails' など穂の色や長さは栽培品種ごとに差があります。実際に見て気に入ったものを選んでください。南アジア〜西アジア・北アフリカ原産です。日なたで育て、水はけのよい場所に植えます。乾燥した地域の植物ですが、日本でもよく育つのであまり心配はいりません。

●ペニセツム セタケウム‘ルブルム’
（パープル ファウンテングラス）

Pennisetum setaceum 'Rubrum'

熱帯植物(常緑)・一年草・オーナメンタルグラス
花期8〜10月／高さ50〜100cm／幅20〜50cm

スタイリッシュな濃い黒紫色の葉

アフリカの熱帯地域が原産で、暑さに対する耐性はピカイチです。寒さに弱いので、一年草として管理すると手間がかかりません。暑いのが好きなので、種播きや株分けなどは5月中旬以降、じゅうぶんに気温が上がった季節におこないます。‘ルブルム’は葉が銅葉になる栽培品種です。四方八方に広がる葉と柔らかい穂は優美な放物線を描き、わずかな風にも揺れて、強い印象があります。ペニセツム サタケウムはC4植物といって、暑くてどんなに日差しがきつくても、かえって旺盛に光合成ができる特別な仕組みをもっている植物です。ですから植物どころか人間までくたばるような、そんな場所でむしろ元気に生育できます。

●ホルデウム ユバツム（タータンムギ）

Hordeum jubatum

一年草・宿根草・オーナメンタルグラス
花期4〜6月／高さ50〜100cm／幅10〜50cm

初夏に繊細な穂を輝かせるオーナメンタルグラス

優美で、どこか郷愁をかきたてる草姿は、チマチマ植えるよりも群生させるとその美しさを発揮します。雨で倒れやすく、蒸れやすいので、温暖な地域では株の間に余裕を見て風が通るようにしましょう。宿根草ですが、やや暑さに弱く残りにくいため種を早春に播いて育て秋に定植し翌年に咲かせる方法でもよいでしょう。

●ペニセツム ヴィロースム

Pennisetum villosums

宿根草・オーナメンタルグラス
花期8〜10月／高さ30〜50cm／幅20〜50cm

「ペニセツム ギンギツネ」の流通名で親しまれる

白っぽくてふわふわした、キツネの尻尾のような穂がおもしろいグラスです。暑さに強いので夏でも安心です。東京辺りまでだと耐寒性はありますが、あまりガチガチに凍らせると枯れます。寒冷地では室内に取り込んでください。セタケウムと比べると小型で扱いやすい大きさです。日なたで育て適度に湿った肥沃な土壌を好みます。

●アオチカラシバ

Pennisetum alopecuroides f. viridescens

宿根草・オーナメンタルグラス
花期9〜10月／高さ30〜60cm／幅30〜50cm

白い穂に宿る秋の光をキラキラと振り撒く

チカラシバの穂が緑色のものです。きれいな緑色から少し茶色を帯びる系統まで差があります。アオチカラシバの中でも、とくに穂が白いものは、明るい白い穂が光を集めてすばらしく美しい光景を作り出します。種を播いて殖やしますが、すべてがアオチカラシバにはならず普通品も出ますから、穂の色を確認して選抜します。

●チカラシバ

Pennisetum alopecuroides

宿根草・オーナメンタルグラス
花期9〜10月／高さ30〜60cm／幅30〜50cm

光沢のあるしなやかな葉紫褐色の美しい穂

日当たりのよい平地の道ばたや河川の土手などに普通に見かける植物です。紫褐色のボトルブラシを思わせる穂はおもしろく、葉もしなやかで光沢があり、形のよい株になる美しい植物です。さらに耐寒性があり、たいへん価値の高い植物です。アオチカラシバ f. *viridescens* は穂が緑色のもので、巨大な猫じゃらしのようです。

注目の灌木と低木

小さな暮らしの庭には、大きくなりすぎる樹木は不向きです。例えばミモザやユーカリは高木で、成長も早く、あっという間に数メートルも伸びます。灌木と低木は、その点、個人で扱うことができるサイズに収まりやすく、とてもつきあいやすいです。

東京都八王子市／鈴木枝折さんの庭。地面に広がる青い花は、落ちた花びらではなく、プラティア ペドゥンクラータ。(p.92)

●セアノサスの仲間

Ceanothus spp.
クロウメドキ科　灌木・熱帯植物(半耐寒性)
花期5月／樹高2〜3m／幅1〜2m

青い花のセアノサスは
日本の気候のもとでは栽培が難しい

セアノサスの仲間は北米大陸の原野や山地・低木林などに広く生えています。特に西海岸のカリフォルニアには多くの種が見られ、青い花をつける常緑性の種類は西海岸が原産、あるいはそれらを基にした交配種です。ところで、まず、青い花を咲かせるセアノサスは、基本的には日本の気候に合わないということを理解してください。これら西海岸産の種類は、いずれも温暖で乾燥した気候・水はけのよい土壌を好むため、日本では地植えにすると寒さと過湿でほとんどの場合数年以内に枯れます。水はけのよい土で鉢植えで管理し、風通しのよい日なたで育ててください。梅雨や台風のような長雨に当てると腐るので、その季節になったら雨が当たらない軒下などに移動させます。また風に弱いのでしっかりした支柱を添えて固定しておきます。冬はビニール一枚をかける程度の保護も必要です。(写真のカリフォルニアライラックという名前で流通している青い花のセアノサスは、東京都八王子市の個人邸の栽培事例です。雨に当たりにくい軒下で、風通しも確保されているせいか、枯れずに毎年花を咲かせています。この事例のように、植物はその庭固有の条件がたまたま合ったり、栽培技術を駆使することによってうまく育つことがありますが、気候に合わない植物は枯らしてしまう確率が高いので、一般的にはお勧めできません)。

●セアノサス × パリドゥス‘マリー サイモン’

Ceanothus × pallidus ‘Marie Simon’
クロウメドキ科　灌木
花期5〜6月／高さ1.2〜3m／幅1.2〜3m

フラワーアレンジメントに人気の
優しいピンク色の花

この品種は、北米大陸東部から中部に生える野生種2種の血を受け継いでいるためか、日本でも育てやすいようです。青い花のマリンブルー Marie Blue(‘ミンマリ Minmari’)や濃いピンクの‘パール ローズ Perle Rose’などがあり、普及が待たれます。日なたで育て、水はけのよい土壌を好みます。移植はあまり好まないので、場所をよく考えて植えてください。

メギ‘オレンジ ロケット’

メギ‘ボナンザ ゴールド’

メギ‘ローズ グロー’

メギ‘ゴールデン リング’

●メギ

Berberis thunbergii

メギ科　灌木

鑑賞期4〜11月／高さ50〜200cm／幅50〜200cm

カラフルな葉色を楽しむ丈夫な灌木

メギはヨーロッパで高く評価されて、品種改良がおこなわれた灌木です。日なたで育て、水はけのよい肥沃な土壌を好みます。萌芽力は強く、成長もそこそこ早く、強剪定に耐えます。剪定はいつの時期でも大丈夫ですが、強剪定は休眠期におこないます。赤い葉のメギの紅葉は温暖地でも特に冴えてすばらしい色を見せてくれます。‘オレンジ ロケット’は赤い葉でほうき立ち性の栽培品種です。枝はまっすぐ伸びてあまり横に伸びません。‘ボナンザ ゴールド Bonanza Gold’は矮性で最大でも1m足らず、小枝が密に茂り、葉は明るい黄色、夏には少し色が褪せて明るい緑色になります。‘ローズ グロー Rose Glow’は赤い葉に桃色の散り斑が入る栽培品種です。斑は夏には暗んで見えづらくなります。‘ゴールデンリング Golden Ring’は赤い葉に黄色の縁取りが入る栽培品種です。夏も色は鮮明です。

●ニワフジ

Indigofera decora

マメ科　灌木

花期5〜6月／高さ30〜50cm／幅30〜50cm

かわいい花をたくさん咲かせる
マメ科の灌木

愛らしい小型の灌木で、濃いピンク色の花をたくさん咲かせます。白花と薄いピンクの系統があります。薄いピンクのものは開花期間が普通のものより長く優秀です。日なたで育て、水はけのよい土壌を好みます。冬は枝先の1/3ぐらいが枯れ込みます。そういう性質のものですから剪定は上半分弱を切るか、芽が出てきてからおこなってください。根から芽を出して殖えますから、余計な所に出てきたものは掘って根ごと除去してください。

●イヌコリヤナギ‘白露錦’

Salix integra ‘Hakuro-nishiki’

ヤナギ科　灌木

鑑賞期3〜6月／高さ2〜3m／幅2〜3m

世界中で人気の
ピンクと白のヤナギ

ピンクの新芽と白い斑・明るい緑の対比が美しいヤナギの人気種で、世界的な普及品となりました。夏には斑の色があせます。成長が早く、萌芽力もきわめて強く、強剪定やたびたびの刈り込みに耐える性質を利用して、枝を密に茂らせて垣根にも。花はネコヤナギの毛を薄くしたようなものですが、早春にいち早く咲くので目を引きます。

●オオバイボタ‘レモン＆ライム’

Ligustrum ovalifolium ‘Lemon & Lime’

モクセイ科　低木

花期5〜6月／樹高1〜1.5m／幅30〜40cm

「プリベット」として
流通している人気の低木

西南日本から朝鮮半島南部の海岸近くや低地に普通に見られる、オオバイボタの美しい黄金葉の栽培品種です。大変萌芽力が強いので刈り込みに耐え、生垣やトピアリーなどに最適です。ただ常緑樹といっても寒さの厳しい地域では半落葉樹のように振舞います。白い花が穂になって咲きますが、繰り返し刈り込んでいる場合は咲きません。

白い花の咲く灌木

清楚な白い花が、庭にたくさん咲くのはとてもよいものです。白い花はどんな色の植物とも合わせやすく、脇役として他の植物を際立たせることもでき、また種類を選べば、主役になることもできます。入手しやすく、つきあいやすいものを集めました。

●コデマリ
Spiraea cantoniensis
バラ科　灌木
花期4月／樹高1〜1.5m／幅1〜2m

剪定後に伸びた枝に花芽がつくので
花後すぐに剪定し、その後は切らない

あまりにも普通に栽培されているので、いまひとつそのよさを見逃している植物は多数あると思いますが、コデマリもそのひとつでしょう。しなやかに伸びた枝いっぱいに咲き、たくさんのかわいい花房で木が見えないぐらいになるのです。ひとつひとつの花の姿もよいので、遠目に見ても近くで見ても美しい木です。日なたで育て、水はけのよい肥沃な土壌を好みます。剪定は花後すぐにおこない、古い幹と細い幹・枯れ枝は根元から、それ以外は半分から2/3ほどに切り詰めます。その後伸びた枝に花芽がつくので、花後に切った後は剪定しません。

●アジサイ'アナベル'
Hydrangea arborescens f. *grandiflora* 'Annabelle'
アジサイ科(ユキノシタ科)　灌木
花期6〜7月／樹高1〜1.5m／幅1m前後

白い大きな花房が
すばらしくみごとな'アナベル'

このみごとな品種は野生の中から見つかったのです。イリノイ州の南部の町・アンナ近郊で発見されたといいます。花芽はその年に成長した茎の先端につきますから、芽が出る前に剪定をすませて、強い枝が出るようにします。一般にピンクアナベルと呼ばれているものは、インビンシベル スピリット Invincibelle Spirit という品種です。'アナベル'より花のかたまりは少し小振りです。

●ヒメウツギ
Deutzia gracilis
アジサイ科（ユキノシタ科）　灌木
花期 5 月／樹高 30 〜 60cm ／幅 30 〜 50cm

コンパクトにまとまり
他の植栽と合わせやすい

愛らしい小灌木で、鉢植えでも地植えでも楽しめるよい植物です。コンパクトにまとまり、株いっぱいに花を咲かせてくれます。特に剪定は必要なく、枯れ枝や不要な枝を取り除く程度でじゅうぶんです。シャルドネパールズは黄金葉の栽培品種で、少し花つきは劣りますが鮮やかな黄緑の葉はそれを補ってあまりあるでしょう。

●トキンイバラ（ルブス ロシフォリウス コロナリウス）
Rubus rosifolius var. coronarius
バラ科　灌木
花期 5 〜 6 月／樹高 1 〜 1.5m ／幅 0.5 〜 3 m 以上（群生）

バラに似た花を咲かせる
キイチゴの仲間

野生型は東アジアと南アジアの温暖な地域の原産で、低地の日当たりのよい薮や道ばたなどに生えています。花が重くて倒れやすいので、フェンスのようなものに誘引するとよいでしょう。剪定は花後、古い幹を切り捨てて間引きます。若いシュートは切らないでください。根を伸ばして殖えるので、囲った中に植えましょう。

●セイヨウテマリカンボク
（ビブルヌム オプルス‘ロゼウム’）
Viburnum opulus ‘Roseum’
レンプクソウ科(スイカズラ科)　灌木
花期 4 〜 5 月／樹高 2 〜 4 m ／幅 2 〜 4 m

枝先に垂れるように花を咲かせる

ヨーロッパ産のもので、オオデマリと違って枝先に花が垂れるようにつきます。葉の形もこちらは三裂しているので、花がなくてもこれだとわかります。剪定は休眠期に不要枝や枯れ枝を取り除く程度でOKです。日本列島にも見られるカンボク *V. sargentii* は似ていますが、葉が少し厚く表面に光沢があります。

●フィラデルフィウス‘ベル エトワール’
Philadelphus ‘Belle Etoile’
アジサイ科（ユキノシタ科）　灌木
花期 5 〜 6 月／樹高 1 〜 2 m ／幅 1 〜 1.5m

清々しい美しさをもつ
バイカウツギの仲間

バイカウツギの仲間では、‘ベル エトワール’の他に、白散り斑の‘イノセンス’や、きれいな黄金葉のコロナリウス‘オーレウス’、八重咲きの‘ヴァージナル’など、特徴が際立つものがお勧めです。剪定は主に花後、大きくなり過ぎた枝や込み合った部分の枝を間引きます。若いシュートは切らないでください。乾燥する場所は苦手です。

●オオデマリ
Viburnum plicatum var. plicatum f. plicatum
レンプクソウ科(スイカズラ科)　灌木
花期 5 〜 6 月／樹高 3 〜 4 m ／幅 3 〜 4 m

手をかけなくても
みごとな花を咲かせる

この仲間で最もみごとに花を咲かせるものをあげなさい、といわれたら、多くの人がこのオオデマリの名をあげると思います。白いボール状の花が枝いっぱいに咲いて花の塊になる様は豪華な眺めです。野生型のヤブデマリ var. tomentosum も栽培されています。こちらはガクアジサイのような形の花がたくさん咲き、赤い実がつきます。

千葉県流山市／Nora景子さんの庭

●日なたが好き　●日なた〜明るい日陰が好き　●明るい日陰が好き　●明るい日陰〜日陰が好き

「半日陰」で頼りになる植物 その1

庭の日当たりは季節や時刻によって刻々と変わり、庭の植物は日なたから日陰まで幅広い日照条件にさらされます。日本の住宅事情では、明るい日陰から日陰になる時間が最も長い家の裏やサイドを「庭」にすることが多いのです。「半日陰になる場所はまかせた」と頼んだら、「ヨッシャー」と引き受けてくれそうな頼もしい植物を集めました。

①●コバノズイナ（イテア ヴァージニカ）
Itea virginica
ズイナ科(ユキノシタ科)　灌木
花期5〜6月／高さ1〜3m／幅1〜3m

手がかからずやさしい雰囲気の灌木
根元からたくさんの枝を出して、こんもりと茂ります。樹形は自然に整うので刈り込む必要はなく、大きくなり過ぎたら古い枝を根元から切ります。花が賞賛されますが秋の紅葉も美しいです。北米大陸南部の日当たりのよい湿地に生えています。

②●ツルマサキ
Euonymus fortunei
ニシキギ科　つる性樹木(常緑)
鑑賞期 通年／高さ10〜30cm／幅30〜200cm以上

常緑の頼もしいグラウンドカバー
常緑の強いグラウンドカバーは、と聞かれたら名のあがるひとつでしょう。耐寒性はヘデラ並みにあるので寒さは大丈夫、萌芽力も強く刈り込みに耐えるので境栽や低い生け垣に好ましい植物です。つるは絡むのではなく根で張りついて登ってゆきます。

③●ジェファーソニア ドゥビア（タツタソウ）
Jeffersonia dubia
メギ科　宿根草・高山植物
花期3月／高さ10〜30cm／幅10〜50cm

変わった形の葉がおもしろい
早春にクロッカスを思わせる美しい花を多数咲かせます。葉も変わった形をしていて、他に類例がありません。花色は青紫から薄紫・白があります。若葉は紫褐色です。斑入り品もあります。春は日なた、それ以降は明るい日陰で育てます。

④●シシゼンマイ‘ランチュウシダ’
Osmunda japonica ‘Ranchū-shida’
ゼンマイ科　宿根草・シダ類
鑑賞期 3〜10月／高さ30〜80cm／幅30〜60cm

金魚のランチュウの尾のようなヒラヒラした葉
山菜としてよく知られているゼンマイの、葉先が分かれる獅子葉になったものです。獅子葉のシダはごつい感じがするものがほとんどですが‘ランチュウシダ’は葉の質感も色も柔らかな印象です。根が張るので、育つ余地をじゅうぶんに確保します。

⑤●ヤマアジサイ (p.49、73)

●ヤエドクダミ
Houttuynia cordata f. plena
ユキノシタ科・宿根草
花期5〜7月／高さ30cm前後／幅30〜100cm以上

八重の白い花が咲く丈夫なドクダミ
かわいいけれど厄介な雑草のドクダミの八重咲き品です。花が八重咲きである以外、普通のドクダミと変わりません。丈夫というより雑草化するので、囲った中に植えるか、鉢植えにして管理します。予定外の場所に出てきたら、直ちに地下茎ごと抜き捨てないと地獄を見ます。鉢植えの場合は毎年、休眠中の2〜3月に植え替えてください。

●ダイヤーズ ウッドラフ（アスペルラ チンクトリア）
Asperula tinctoria
アカネ科　宿根草・高山植物
花期5〜6月／高さ30cm前後／幅30cm前後

一面に白い花の咲くグラウンドカバー
かつては根を赤の染料にしていたそうです。細い葉をつけ、根元から細かく枝分かれした茎の先に白い花を咲かせます。花後は黒くて丸い果実が実ります。温暖な地域では高山植物を植えるような山砂を使ってください。酸性が強い場合は石灰などで中和します。午前中に日が当たる明るい日陰で育て、水はけのよい土壌を好みます。

●オンファロデス カッパドキカ‘スターリー アイズ’
Omphalodes cappadocica ‘Starry Eyes’
ムラサキ科　宿根草・高山植物
花期3〜5月／高さ20〜40cm／幅20〜30cm

パッと目につく青い星形がかわいい
トルコ原産で山地の森林に生えます。野生型は青紫色の花が咲き、それに白覆輪の花が咲く栽培品種です。地下茎で殖えてゆっくり広がります。明るい日陰で育て、強い乾燥を避けます。腐植質の多い水はけのよい土壌を好みます。本種には青や明るい紫・白花などがあり‘スターリー アイズ’以外にも優良品種があります。

「半日陰」で頼りになる植物 その2

山の斜面や森林、林縁などに生えているシダの仲間やマルバタケブキ、ツワブキなどは、明るい日陰から日陰の環境で本領を発揮するものが多く、シェードガーデンを支えてくれる植物です。中でもリョウメンシダやタチシノブなど常緑のシダは、一年を通して明るい緑色の繊細な葉を保つため、庭の半日陰の場所で頼りになる植物です。これらの植物は、基本的に、水はけのよい、腐植質に富んだ、いつも湿った土を好みます。

●リョウメンシダ
Arachniodes standishii

オシダ科　宿根草（常緑）
観賞期 通年／高さ 30 〜 50cm ／幅 50 〜 80cm

光沢のある繊細な葉が美しいシダ

明るい緑色は年中変わりません。嬉しいことにリョウメンシダは丈夫です。明るい日陰で育て、土質は選り好みしません。株はあまり殖えず1本のままですから、最初から欲しい数だけ買ってきます。春に芽が動き出したら古い葉を切り捨てます。水切れだけは禁物です。競争力は強いですが、他の植物を打ち負かすおそれもありません。

●クジャクシダ
Adiantum pedatum

ホウライシダ科　宿根草
観賞期 4〜10月／高さ 30 〜 50cm ／幅 30 〜 60cm

孔雀が羽を広げたような姿

春の新芽の色が美しく、好まれるシダです。春の芽出し前に枯れ葉は取り除いてください。水切れは禁物です。根茎を少しずつ横に伸ばして殖えてゆきます。市販のものは小分けにされていることが多いので、最初の1〜2年は他の草に負けないように注意してください。成株になれば競争力もあり、扱いやすいシダです。

●コタニワタリ
Asplenium scolopendrium

チャセンシダ科　宿根草（常緑）・高山植物
観賞期 通年／高さ 15cm 前後／幅 20 〜 30cm

単純な形なのに、独自の雰囲気があるシダ

単純な形でありながら独自の雰囲気があるシダです。明るい日陰か日陰で育て、温暖な地域では山砂系の土を客土して植えてください。株はあまり殖えず1本のままですから、最初から欲しい数だけ買ってきます。春に芽が動き出したら古い葉を切り捨ててください。水切れだけは禁物です。強耐寒性です

●ニシキシダ
Athyrium niponicum f. metallicum

イワデンダ科　宿根草
観賞期 4〜10月／高さ 20 〜 40cm ／幅 30 〜 60cm 以上（群生）

シェードガーデンの世界的な人気種

いちばん普通に見られるシダのひとつ、イヌワラビに白い地模様が入った品種です。特に春の葉の美しさは絶品で、宿根草として扱えるシダでこの右に出るものは少ないでしょう。春の芽出し前に枯れ葉は取り除いてください。水切れは禁物です。根茎を横に伸ばして殖えてゆきます。競争力は強く、他の植物を負かすほどです。

●イワデンダ
Woodsia polystichoides

イワデンダ科　高山植物
観賞期 4〜10月／高さ 15cm 前後／幅 20 〜 30cm

水はけのよい山砂系の土で鉢植えを基本に

山に行くとよく見かける、柔らかい質感のまとまりのよいシダです。少しずつ殖えて株立ちになります。葉に毛が密生して白っぽくなるタイプがあって「白毛イワデンダ」の名前で販売されています。高山植物扱いといっても暑さには強く、過湿に弱いだけです。とはいえカラカラにはしないでください。競争力はあまりありません。

●日なたが好き ●日なた〜明るい日陰が好き ●明るい日陰が好き ●明るい日陰〜日陰が好き

葉のさまざまな質感と緑色の諧調が作り出す見飽きることのない光景。

●ユキノシタ

Saxifraga stolonifera
ユキノシタ科　宿根草
花期5〜6月／高さ20〜40cm／幅15〜20cm

様々な美しい葉色をもつ優れた日陰の植物

日陰の湿った場所に向く優秀なグラウンドカバープランツとして、欧米では評価の高いものです。常緑の葉は色彩の変化が多く、明るい緑から紫褐色・銀色の脈が入るもの・黄色・銀葉・桃色の覆輪などバリエーションに富んでいます。花を咲かせた株は枯れるので、伸びたつるを邪険にせずに芽が出たら根を降ろせる場所に誘引しておきます。

●イノモトソウ

Pteris multifida
イノモトソウ科　宿根草（常緑）・熱帯植物
観賞期 通年／高さ15〜30cm／幅15〜30cm

ありふれているけれど魅力的な庭園素材

あまりにもありふれているシダのひとつですが、膨大な種類があるプテリスの中で、特徴的な姿をしていて耐寒性があるこの種はもっと見直されるべきだと思います。春に芽が動き出したら古い葉を切り捨ててください。水切れだけは禁物です。株で殖えますが、胞子が勝手に飛んで適地に生えてきます。成株には競争力があります。

●タチシノブ

Onychium japonicum
ホウライシダ科　宿根草（常緑）
観賞期 通年／高さ30〜50cm／幅30〜50cm以上（群生）

見た人はみんな好きになる美しいシダ

常緑の光沢のある葉は繊細極まりなく、こんな形のシダは弱い種が多いのですが、タチシノブはとても丈夫です。キャロットリーフ ファーン（ニンジン葉のシダ）と呼ばれ、欧米では庭園用シダの定番中の定番のひとつなのですが、なぜか日本では流通が少ないのが残念です。根茎は横に伸びて少しずつ殖えます。水切れだけは禁物です。

●リグラリア デンタータ (マルバダケブキ) ‘ミッドナイトレディ’

Ligularia dentata ‘Midnight Lady’
キク科　宿根草・高山植物
花期7〜8月／高さ1m前後／幅1m前後

紫褐色の葉に黄色の花がパッと目を引く

存在感抜群の紫褐色の葉に濃い黄色の花が目を引く、マルバダケブキの栽培品種です。午前中に日の差す明るい日陰で育て、温暖な地域では高山植物と考えて山砂系の用土を客土して植えます。寒冷地では一級品の宿根草で競争力もありますが、温暖な地域では場所に余裕を見て風通しよくします。水切れを嫌うので、ご注意ください。

●ツワブキ

Farfugium japonicum
キク科　宿根草（常緑）・熱帯植物
花期11〜12月／高さ50〜80cm／幅30〜60cm

ひたすら丈夫で抜群の環境適応力をもつ

艶のある革質の葉が美しく、形の変わったものや、葉に白や黄色の斑が入るものなど栽培品種は現在120品種ほど、そのうち広く流通するのは30品種くらいです。晩秋に咲く黄色の花も美しく、白花や八重咲きがあります。ひたすら丈夫で幅広い環境に適応します。青葉の品種は競争力がありグラウンドカバーにも適します。

強くて可憐な
グラウンドカバープランツ

地面を覆うように広がって、土を隠す植物をグラウンドカバープランツと呼びます。密生した植物が土を覆えば、雑草が生える余地をなくし、ローメンテナンスで庭をきれいに保つことができます。園路の間や階段の隙間を覆う植物は、見た目にも心地よいナチュラルな雰囲気を庭に添えてくれます。どんな植物がこのグラウンドカバープランツに向いているかというと、まず丈夫なこと。少しぐらい踏みつけてもへこたれず、常にきれいな状態を保つ植物が理想です。庭の環境によく合うものを選びましょう。

●マンネングサ（セダム）の仲間
Sedum spp.

ベンケイソウ科　宿根草・多肉植物（常緑）
花期4〜5月／高さ3〜10cm／幅3〜10cm

**カラーリーフとしても人気
乾燥に強い多肉植物**

多肉植物なのでとにかく乾燥に強い植物です。ごく浅い土壌でも隙間のような場所でも育ちます。カラーリーフとして優秀な種も多く、赤茶色のウンゼンマンネングサ、青緑色のセダムヒスパニクム、白い斑入りで紅色に色づくフクリンマンネングサなどがよく普及しています。マルバマンネングサの黄色い葉の'黄金'は世界的な人気です。

●プラティア ペドゥンクラータ
Pratia pedunculata

キキョウ科　宿根草（常緑）
花期5〜10月／高さ3〜5cm／幅30〜60cm以上（群生）

**青い星形の小さな花を
一面に咲かせる**

暖かい時期に星形の花を一面に咲かせます。花色は薄い青から青紫です。プラティア アングラータ *P. angulata* は白い花を咲かせます。どちらもよく殖えてカーペット状に茂りますが、殖え過ぎて除去困難になる場合がありますから、目の行き届きやすいところに植えてください。水はけはよいがいつも湿っている場所を好みます。

●タイムの仲間（クリーピングタイム）
Thymus spp.

シソ科　灌木・有用植物・高山植物（常緑）
花期4〜5月／高さ10〜20cm／幅30〜50cm

**料理に使える
香りのよいハーブ**

ハーブとしてよく知られたこの仲間は、世界に約300種以上あります。どれも小型の灌木で、多くの種で枝は這って広がり丈の低いふんわりとした茂みを作ります。よい香りがするのも特徴です。イブキジャコウソウは日本に生えるこの仲間唯一の種でとても丈夫です。過湿と泥跳ねに弱いので、山砂主体の用土でないと枯れやすくなります。

●ワイヤープランツ（ミューレンベッキア アキシラリス）
Muehlenbeckia axillaris

タデ科　灌木（常緑）
鑑賞期 通年／高さ20〜60cm／幅30〜100cm以上

**どんどん伸びるので
コントロールが必要**

とにかく萌芽力が旺盛で成長が早いので、刈り込んでヨーロッパの花壇でよく見られるツゲの縁取りみたいにすることもできます。放っておくとつるが伸びるばかりで狭い隙間にまで入り込みますから、きちんと管理しないと結構な暴れ者になるのです。フェンスに誘引して生垣みたいにしてもおもしろいかもしれません。

●グレコマ ヘデラセア ヘデラセア'バリエガータ'
Glechoma hederacea subsp. *hederacea* 'Variegata'

シソ科　宿根草
観賞期4〜10月／高さ10〜20cm／幅20〜100cm以上

**茎を伸ばして垣を通るから
カキドオシ**

ヨーロッパ産のカキドオシの斑入り品種で、性質は日本のカキドオシ subsp. *grandis* と変わりません。春にロベリアのような薄紫色の花が咲きます。よく伸びるわりに枝が出ませんから、ときどき切り戻して、切った枝を株の間に挿し芽したり、誘引したりと、きれいに茂らせるには手入れが欠かせません。

●ディコンドラの仲間
Dichondra spp.

ヒルガオ科　宿根草（常緑）

観賞期 通年／高さ3〜5cm／幅30〜100cm以上（群生）

踏んでもOK！日陰にも耐える

丈夫で踏みつけにもそこそこ耐え、密生するので芝生の維持が難しい日陰がちの場所のグラウンドカバーとして優れています。やや湿った土壌を好みます。熱帯・亜熱帯を本拠地にしている植物なので、暑さに耐える植物です。栽培されているのは主にディコンドラ レペンス *D. repens* というアメリカ南東部原産の種です。日本列島にもアオイゴケ *D. micrantha* があり、こちらも利用されています。

●リシマキア コンゲスチフロラ‘ペルシャン チョコレート’
Lysimachia congestiflora ‘Persian Chocolate’

サクラソウ科　宿根草（常緑）

花期5〜6月／高さ5〜10cm／幅30〜90cm

半日陰でも
たくさん花をつける

銅葉の栽培品種で、野生型は緑色です。花つきもよく、黄色の花と葉が引き立て合って目立ちます。ほふくする茎を伸ばして地面を覆い、常緑なのでグラウンドカバーに適します。茎が地面に着いたところから根を出すので、株分けをして簡単に殖やせます。−15℃を下回るような極端な寒さには耐えられませんから、室内に入れてください。

●ディコンドラ アルゲンテア‘シルバー フォールズ’
Dichondra argentea ‘Silver Falls’

ヒルガオ科　宿根草（常緑）

観賞期 通年／高さ3〜5cm／幅30〜100cm以上

銀色に輝く葉！
踏みつけと日陰は苦手

銀色に輝く葉がみごとな種類です。性質はディコンドラの仲間とほぼ同じです。ただこちらは日陰は苦手なので、日なたで育ててください。乾燥にもやや耐えてくれます。環境によって、使い分けます。吊り鉢仕立てでよく売られていますが、根詰まりと老化で根元が枯れてくるので早々に植え替えて仕立てなおしましょう。

●ヒメツルソバ（ペルシカリア カピタータ）
Persicaria capitata

タデ科　宿根草・熱帯植物（常緑）

花期 通年／高さ5〜10cm／幅30〜90cm

霜に当たっても傷んでも
暖かくなると芽を出す

昔からある在来系統は葉の斑紋がはっきりと入り、花つきもよく、あまり伸び過ぎない良系統です。最近販売されている全体に紫色っぽい系統や、やや大型の斑紋がはっきりしない系統は、成長が早くて広い面積を素早く覆えますが、花つきがいまいち悪くコントロールが難しいので、あまり一般家庭には適していないように思います。

●ラミウム マクラツム
Lamium maculatum

シソ科　宿根草（常緑）・高山植物（常緑）

花期4〜5月／高さ10〜15cm／幅15〜30cm

かわいい花も楽しめるが
暑さに強くないのでご注意！

愛らしい花で株はコンパクトにまとまって、手頃で扱いやすい植物です。花は桃色と白があり、葉に白線が入るもの、銀葉になるものなどがあります。問題は暑さに強くないことです。全体に大きく黄色い花が咲くラミウム ガレオブドロン *L. galeobdolon* は暑さに強く丈夫ですが、雑草化しないようコントロールが必要です。

グラウンドカバープランツの
楽しい使い方

グラウンドカバープランツをじょうずに使うことによって、庭の楽しさをぐんと広げることが可能です。どんな風に使うかは、工夫しだい。腕の見せ所というわけです。例えば、車を毎日の通勤に使う家なら、日中、駐車スペースに車がないので日照を確保できます。少し草丈があるもの、普通は花壇に植えそうな花の咲く植物を選んでもよいかもしれません。試してみると楽しいです。

マンネングサの仲間は、種類が多く、色と形のバリエーションが豊富。

駐車スペースに

① ● タイムの仲間（p.92）

② ● シロツメクサの栽培品種

③ ● ヒメイワダレソウ（p.95）

④ ● ベロニカ カマエドリス
'ミッフィー ブルート'

Veronica chamaedrys 'Miffy Brute'
オオバコ科（ゴマノハグサ科）
宿根草・高山植物
花期 4～5月
高さ 10～15cm ／幅 30～50cm

**ほふくして広がる
スカイブルーのベロニカ**

ユーラシアの冷温帯から寒帯が原産のベロニカ カマエドリスの斑入りの栽培品種です。このタイプのベロニカは暑さに弱いものが多いのですが、本種は比較的丈夫です。春は日なた、夏は明るい日陰になる場所がよいです。水はけのよい土を好みます。近畿地方以西では高山植物扱いにしたほうが無難かもしれません。

⑤ ● ティアレラの栽培品種（p.101）

⑥ ● マンネングサの仲間（p.92）

● 日なたが好き　● 日なた～明るい日陰が好き　● 明るい日陰が好き　● 明るい日陰～日陰が好き

②●シロツメクサの栽培品種
Trifolium repens

マメ科　宿根草（常緑）

花期4〜6月／高さ10〜15cm／幅20〜100cm以上（群生）

シロツメクサの栽培品種は葉の色や模様が豊富

よく知られているシロツメクサには小葉の枚数や色合い・模様の違う栽培品種がたくさんあります。花は白が基本ですが、銅葉の品種ではピンク色のものも見られます。品種ものは野生型と比べるとやや弱いので、大面積を覆いたいのなら野生型の種を播くのを勧めます。地面に植えると特徴がよく見えませんから、品種ものは鉢植えに。

③●ヒメイワダレソウ（リッピア）
Lippia canescens

クマツヅラ科　宿根草（常緑）

花期5〜9月／高さ3〜5cm／幅30〜300cm以上（群生）

花期が長く乾燥や日差し高温にもよく耐える

丈夫で成長が早くかわいい花が暖かい季節の間ずっと咲いている上に、乾燥や強い日差し、高温に耐え、現在の都市環境によく適合しています。さらに踏みつけに強いので芝生のような使い方もできるたいへん有用な植物です。一方、帰化植物として暴れ者になりかねないので、日常的に管理できる場所に植えましょう。

●エリゲロン カルヴィンスキアヌス（p.26）

●ヤブヘビイチゴ

Potentilla indica

バラ科　宿根草(半常緑)

花期3〜10月

高さ3〜5cm／幅15〜100cm以上(群生)

黄色い花と赤い実がかわいい
グラウンドカバー

ヤブヘビイチゴはグラウンドカバーとして優秀な上に、可憐な花にかわいい赤い実が成るので高く評価されています。もっとも和名だと印象がイマイチだと思われているのか学名で販売されていることが多いのですが、日本などアジアの植物です。日なたよりやや明るい日陰ぐらいの環境を好みます。近縁のヘビイチゴ *P. hebiichigo* は日なたに生え、全体に半分くらいの大きさで葉の先が丸く、葉は黄色っぽく、実の表面の粒々(真の果実)に艶がない点で区別できます。

●シンバラリア ムラリス ‘アルバ’
(ツタバウンラン)

Cymbalaria muralis ‘Alba’

オオバコ科(ゴマノハグサ科)　宿根草(常緑)

花期3〜10月

高さ3〜5cm／幅15〜100cm以上(群生)

わずかな隙間でどんどん伸びる

多少の悪条件をものともせずに、キンギョソウを小さくしたような花を長期間、咲かせます。野生型は紫色の花です。競争力はあまりありませんから、これだけで植えるか、同じぐらいの大きさの植物と組み合わせます。比較的乾燥に強く、石垣の隙間などに入り込みます。適地を求めてほふく枝を伸ばして殖えますからコントロールに注意して、目のよく行き届く場所に限って使ってください。

第4章　庭の配色

スポットライトを当てたみたいに明るく輝くライムイエローの葉、植栽に陰影を作り出す濃い色の植物、銀色や青みを帯びたカラーリーフ。いま園芸植物のラインナップが、ますます豊かに広がっています。配色の基本を知って、あなたの庭に色彩の魔法をかけてみませんか？

岩手県／土樋三重子さんの庭。オレンジの花はオリエンタルポピー、紫色のボンボンはアリウム ギガンテウム、手前の黄色の葉はセイヨウナツユキソウ'オーレア'。

庭の配色

イングリッシュスタイルのガーデンデザインの立役者として名の残るガートルード・ジェイキルや印象画派として著名なモネが美しい庭を作り上げたことはよく知られています。それは偶然でも、彼らが超人的なセンスの持ち主だったからでもありません。彼らは色・質感・形が持つ性質を理解し、それが人に与える視覚的効果を熟知していたからです。基本はそう難しくありません。これらの知識を踏まえた上で、どういった組み合わせにするか、具体的にどの植物を選ぶかに真のセンス・個性というものが現れるのでしょう。

色を構成するもの「色相・彩度・明度」

色とはなんでしょうか？ 何かに光が当たると多くの波長の光は吸収され特定の波長の光だけが反射します。この「特定の波長の光」が人間の目には色に見えます。植物の葉が緑色に見えるのは、葉が緑の波長の光を反射して他の波長の光を吸収しているためです。

その色をわかりやすく3つの要素で説明したものが色相・彩度・明度です。色相とは実際の各色のことです。彩度とは色の鮮やかさ・くすみ具合を示します。明度は色の明るさ・暗さを表します。なお明度と彩度の組み合わせをトーンと呼びます。黒〜灰色〜白は無彩色といって、色相と彩度を欠く明暗だけのものです。

色のイメージ

色から受けるイメージがあります。寒暖、遠近、膨張・収縮などです。

寒暖／暖色は赤を中心とした暖かさ、熱、明るさといった印象を受ける色合いです。寒色は青を中心にした冷たさ、涼しさ、落ち着きを感じる色合いです。

遠近／進出色は暖色、明度の高い色で他の色と対比することで手前にあるように感じさせる色です。後退色は寒色、明度の低い色で、同様に他の色と比べることで後ろにあるように感じる色です。例えば、パンジーの黒花を植栽に加えると、黒い花が影の役割を果たし、植栽に陰影や奥行き感をプラスします。

膨張・収縮／大きさでも暖色、明度の高い色は大きめに、寒色、明度の低い色は小さめに見えます。白い服だと太って見え、黒い服だと痩せて見える、というのはこのためです。

迷った時は「白い花」

無彩色の色はどんな色にでも合います。ですから迷った時は無彩色を選べば、無難にまとめることができます。

そこで役に立つのが白い花です。白花品はどのような植物でも広く見られますし、白っぽい葉を持つ植物を加えれば、さらに多くの種類があります。主役になれるぐらい大きな花から、引き立て役にうってつけの細かい花が多数咲くものまで選び放題です。草も木もあります。

一年中、そこを白系にしたい場合は白っぽい葉を持つ常緑の植物を選びます。シロタエギク(ジャコバエア マリティマ)や白い斑の入った植物を使うと目的が達成できるでしょう。

花壇の隙間を埋めたい時は、インパチェンス・トレニア・ビオラ・ペチュニアなどの一年草の白花を選べば色彩的に破綻することもなく、安価な上にシーズンになればどこでも販売されているので簡単に取り入れられます。

質感と形の組み合わせ

色について説明してきましたが、私たちが庭で実際に扱うのは概念的な色ではなく生きている植物なわけです。生きている植物にあって、概念の色にないもの、それは質感と形です。

例えば同じ色でも片方は固い感じの光沢のある革質の葉、もう片方は毛に覆われて柔らかな質感の光沢のない葉では受ける印象は異なります。艶のある葉は光るので目立ち、艶消しの葉は落ち着きを感じさせます。滑らかな質感は優しい印象を与えますが、ゴツゴツと荒れた質感は厳しさを感じさせます。

同じ質感でもヤブランのような細い葉とツワブキのような円い葉では受ける印象が異なります。細かな葉は柔らかい・ぼんやりとした印象を与え、単純な形は硬さ・明瞭さ・力強い印象を示します。また形の中では大きさも重要な要素で、小さな葉がたくさん集まっているのと、大きな葉が少数あるのとでは質感などが違ってくるわけです。比較的大型で特徴的な形の植物には彫刻的な存在感があるため、園路の突き当たり・交差点の中央などに配置すると視線がそこに誘導される効果を持ちます。

質感と形の組み合わせの基本は「同じ質感・形のものを組み合わせない」ということです。逆に質感と形を揃えることで整然・秩序・統一といった印象を与えることもできます。

こうして、「色」に「質感と形」で変化を加えることによって、奥深く見飽きないシーンを構成することができるのです。自分の好みの植物の組み合わせや庭の一画に出会ったら、それらを写真に撮って、どのような色・質感・形・大きさの組み合わせから構成されているかを分析してください。あなたの感じる「好き」なシーンは遠い憧れの存在ではなく、分析を通すことで、あなたの手元で再現できるものになります。

さらに、実際の植栽では、該当する植物をリストアップして植物の性質を検討し、いっしょにしても問題ないもの同士を組み合わせて花壇を作ってゆきます。

色相環

「色相環」とは、いろいろな色がちょうど一巡するように見えるよう、円を描くように配置されているものです。色彩環・色環ともいいます。これを基にすると色について直感ではなく理論的に理解できます。色は任意の色を起点とした色彩環上の角度によって、右のように分けられます。

この色のグループ分けは次の配色パターンを理解する上で重要ですから、大雑把でもよいので頭に入れておいてください。

同一色：色相環上の角度は0°。

隣接色：色相環上の角度は15°以内の色。

類似色：色相環上の角度は30〜45°以内の色。

中差色：色相環上の角度は60〜105°以内の色。

対照色：色相環上の角度は120〜150°以内の色。

隣接補色：色相環上の角度は165°（反対側の両隣）の色。

補色：180°（反対側）の色。

色 相 環

庭の配色のパターン

色彩の配分を決めることを配色といいます。では配色をどのように庭のデザインに活かせばよいのでしょうか？ 以下に基本的な配色のパターンを示します。普通は色数が少ないほど統一感があり、色数が増えるほど散漫になりやすいという傾向があります。複数の色を使う場合はメインの色を決め、その他の色でアクセントをつける、といったふうにすれば問題が起きにくくなります。以下の配色パターンをもとに、各色の明度・彩度を変えてみると、色の組み合わせはいくらでも広がります。植物の場合はそれに加えて季節による変化も加わりますから、思いがけない展開という、うれしい驚きが待っているはずです。

同一色相配色：同じ色の明暗と彩度の違いだけで表されたものです。一番無難な配色ですがおもしろみに欠けがちでもあります。

隣接色相配色：隣接色同士での組み合わせ。同一色相配色より自然な感じになりますが、明度や彩度に変化をつけることでよりよくなります。

類似色相配色：類似色同士での組み合わせ。ほどよく変化をつけやすく、その上で色彩的な破綻が起こりにくいので、迷ったらこの組み合わせにしましょう。

中差色相配色：中差色同士での組み合わせ。コントラストはある程度つけたいけれど、つけすぎたくはない場合に向く組み合わせです。

対照色相配色：対照色同士での組み合わせ。コントラストはつけたいけれど、次の補色色相配色のようにどぎつくなるのは嫌、という場合の組み合わせです。

補色色相配色：補色同士の組み合わせです。お互いの色を強調し合う色でコントラストがはっきりして強い印象を与えますが、どぎつい印象になりかねない危険性も含みます。

ビコロール：二色配色の中で無彩色を含むどんな色でもよい二色の組み合わせですが、コントラストが強くなる（明白な）組み合わせを言います。黄色と黒がこれに当たります。

トリコロール：三色の組み合わせで、ビコロールの三色版だと考えてください。イタリア・フランスの国旗の色がこれに当たります。

隣接補色配色：三色の組み合わせで、ある色とその補色の両隣（隣接補色）の色との組み合わせです。補色色相配色より強烈ではない分、失敗が少ないかもしれません。

トライアド：色相環を3等分（相互に120°）した位置にある三色の組み合わせです。対照色同士の組み合わせになるので、必然的に明快で調和のとれた色彩になります。

テトラード：色相環を4等分（相互に90°）した位置にある色の組み合わせです。これは二組の補色の組み合わせなので色彩豊かな印象を受ける組み合わせです。

ペンタード：色相環を5等分（相互に72°）した位置にある色の組み合わせです。テトラード以上に賑やかな印象を受けます。

ヘクサード：色相環を6等分（相互に60°）した位置にある色の組み合わせです。かなり賑やかですが逆に散漫としたものに見えたり、またうるさく思えるかもしれません。

散りばめられた宝石のようなクナウティア、ルブス、イタドリ、ドクダミなど。

トーンの違いの組み合わせ

トーンとは明度と彩度の組み合わせです。明度が高いものは色が薄く低いものは色が濃くなり、彩度の高いものは色鮮やかになり低いものは濁ったような灰色味を感じさせるものとなります。

基本的に色が薄く、明るいほど「優しい・柔らかい・薄い・軽い・澄んでいる・若々しい・女性的」という印象を与え、色が暗いほど「落ち着き・硬い・重厚・濁っている・大人っぽい・男性的」という印象を与えます。色が濃いと「鮮やか・華やか・強い・冴えた・活動的・明るい・派手」といった印象を与えます。

同じトーンを色相を変えた配色

3つの淡いトーンの色の中に異なるトーンの色を差し色で入れた配色

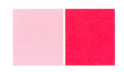

異なるトーンの色を組み合わせた配色

庭の配色に活躍する
常緑の葉をもつヒューケラ

ヒューケラの葉の豊かな色彩、模様、そして葉の形のヴァリエーションの豊富さはみごとです。常緑の葉は季節によって変化を見せ、その様子を1年を通して楽しむことができます。またヒューケラは日なたから明るい日陰を好む植物なので、他の華やかな色合いの植物を使いにくい日陰に植えて、パッと明るい雰囲気に変えることができます。丈夫で適応環境が広く、株張りが30cm前後と適度な大きさで、他の植物と合わせやすいという、理想的なガーデンプランツの条件も備えています。さらに耐寒性があるので、冬の間も地面を覆ってグラウンドカバーとしての役割もしっかりと担ってくれる頼もしい植物です。

ヒューケラ、ティアレラ、ヒューケレラ

ヒューケラは北米とメキシコに37種、近縁のティアレラ（ズダヤクシュ属）は北米とアジアに3種あるユキノシタ科の植物です。両者は属を越えて雑種ができ、それをヒューケレラ × Heucherella といいます。一般にヒューケラと呼ばれるものの中には、両者の長所を合わせもった、このヒューケラも含まれています。原産国のアメリカで始まった育種は近年急速に進み、毎年30品種ほどが発表されます。ヒューケラは、すっと伸びた花茎に壺形の小さな花をたくさん咲かせます。ティアレラは白やピンクの花火のような形の花を咲かせます。

ヒューケラの花　　　　ティアレラの花

● ヒューケラ'パリ'
Heuchera 'Paris'

葉は比較的小さく、株はコンパクトにまとまります。濃い桃色の花が長期間咲き、花立ちもよいです。

● ヒューケラ'ライム リッキー'
Heuchera 'Lime Rickey'

日陰を明るい印象に変える葉の黄緑色は、一年中、色褪せずに保たれます。控えめな印象の白い花を咲かせます。

● ヒューケラ'キャラメル'
Heuchera 'Caramel'

高温多湿に強く丈夫で大きな株に育ちます。日陰でも色褪せません。クリームホワイトの小さな花。

● ヒューケラ'ミッドナイト ローズ'
Heuchera 'Midnight Rose'

夏にも色褪せないピンクの散り斑は、時期や株によって変化します。小さな白い花を咲かせます。

● ヒューケラ'オブシディアン'
Heuchera 'Obsidian'

もっとも黒に近い葉色をもつ品種です。夏も色褪せません。花はベージュ色で小さいので、茶色の萼のほうが目立ちます。

● ヒューケラ'シナバー シルバー'
Heuchera 'Cinnabar Silver'

葉が小さめで株がコンパクトにまとまるので鉢植えに向きます。花は濃いオレンジ色で花立ちもよいです。

● ヒューケラ'ジョージア ピーチ'
Heuchera 'Georgia Peach'

明るい桃色を浴びたきれいな赤色の葉で、春の葉はまさしく桃の実の色です。株は大きく育ち、白い花が咲きます。

● ヒューケラ'レーブ オン'
Heuchera 'Rave On'

銀色の地に紫の葉脈が入るという、印象的な葉をもちます。明るい桃色の花をたくさん咲かせます。

● ティアレラ
'シュガー アンド スパイス'
Tiarella 'Sugar and Spice'

もみじの形をした葉は成長期には緑部分が明るく、コントラストが際立ちます。薄い桃色の花が穂になって咲きます。

● ヒューケレラ'キモノ'
×*Heucherella* 'Kimono'

銀色がかった緑色の葉をもち、強健で高温多湿にも強く、株は大きく育ちます。小さな花はクリームホワイト。

● 日なたが好き　● 日なた〜明るい日陰が好き　● 明るい日陰が好き　● 明るい日陰〜日陰が好き

進出色のオーレア（黄色系）と後退色のブラック

オーレアと呼ばれる黄色系の葉をもつ植物は、まるで庭にスポットライトを当てるかのような効果を発揮します。逆に、ブラックプランツと呼ばれる濃い色の植物は、陰影を作る役割を果たします。下の写真のように、オーレアの葉と黒っぽい葉を組み合わせてみると、明るいオーレアの葉は進出して見え、黒っぽい葉はぐっと後ろに後退して見えるのがよくわかります。光と陰を自由自在に操る植栽です。

● オオシマカンスゲ（カレックス）'エバリロ'
Carex oshimensis 'Everillo'
カヤツリグサ科　宿根草（常緑）
鑑賞期 通年／高さ40〜50cm／幅40〜50cm

黄金色の葉をもつ
伊豆諸島原産の「カレックス」
ガーデン素材として人気の「カレックス」は、スゲのことでオオシマカンスゲは伊豆諸島の固有種ですが、日本ではほとんど顧みられることなくヨーロッパで育種が進んでいます。明るい黄緑色の葉は常緑で、冬もこの色のままです。もちろん日本の気候によく合います。明るい日陰で育てます。

① ●● トサミズキ'スプリング ゴールド'
Corylopsis spicata 'Spring Gold'
マンサク科　灌木
花期3〜4月／樹高2〜4m／幅2〜4m

宿根草の庭に植えたいすばらしい灌木
四国に特産する美しい大型の灌木で、その鮮やかな黄金葉の栽培品種です。春にはライムイエローの花が咲いて美しく、枝も密には茂りませんから明るい日陰を好む宿根草を植えるのに手頃な明るさとなり、園芸家にとって願ったり叶ったりのすばらしい植物です。日なたか午前中日が当たる明るい日陰で育て、いつもある程度湿った水はけのよい土壌を好みます。剪定は休眠中か花後に、不要な枝を間引きます。

② ● リシマキア キリアータ'ファイアー クラッカー'（p.51）

③ ● ヤツデ'紬絞り'
Fatsia japonica 'Tsumugi-shibori'
ウコギ科　灌木（常緑）
花期11〜12月／樹高1〜3m／幅1〜3m

ヤツデのイメージを変えるみごとな栽培品種
あまりにもありふれているので日本では軽んじられていますが、ヤツデのように大きな葉をもつ常緑の耐寒性の植物で、日陰に向くものはほとんどありません。そのヤツデの美しい白散り斑と白砂後覆輪の栽培品種で、その印象は劇的なものがあります。'紬絞り'は時に新芽が完全に白くなって緑が乗らずに、小さい株だと枯れてしまうことがあります。その点、よく似た'スパイダーズ ウェブ Spider's Web'のほうが安定している気がします。どちらも種で殖やせるので販売が多くなってきました。明るい日陰で育て、肥沃でいつも適湿の土壌を好みます。

④ ● メギ（p.85）

⑤ ● ムラサキミツバ（p.49）

黒赤系の植物

暖色の中心となる赤に、「黒」をプラスした黒赤系の植物がガーデンで人気を呼んでいます。黒といっても、純粋な黒ではなく、濃い赤や褐色、紫などですが、黒に近い色は陰影を作り植栽を立体的に見せます。見応えのある重厚な雰囲気を作り出すのも、陰影を宿した黒赤系の植物の威力です。黒っぽい植物は、陰となって他の明るい色の植物を引き立て前に出す役割も果たします。

ダリア、羽毛ケイトウ、カレックス コマンス'ブロンズフォーム'のダークトーンの中に、明るいピンクのジニア'プロフュージョン'の花がアクセントになっている。

●ダイアンサス バルバタス'ソティー'（ブラックベアー）

Dianthus barbatus (Nigrescens Group) 'Sooty'

ナデシコ科　宿根草・一年草
花期4〜5月／高さ30〜50cm／幅20〜30cm

濃い黒赤の花が植栽を引き締める

ヨーロッパ原産のナデシコです。ビロードのような質感をした花は深い黒赤で、葉にも紫が差します。冬の間は銅葉。この種は宿根草ですが短命で、花後に枯れやすいので秋播き一年草として扱ってもよいぐらいです。この栽培品種は国内ではブラックベアーの名で流通していることが多いようです。

●セントーレア シアヌス'ブラック ボール'

Centaurea cyanus 'Black Ball'

キク科　一年草
花期4〜5月／高さ60〜90cm／幅30〜40cm

パッと目を引く黒いヤグルマギク

赤みを帯びた濃い紫褐色の花が咲くヤグルマギクの栽培品種です。緑白色の葉が濃い色の花を際立たせて、美しい対比を見せます。この系統は半八重咲きのヤグルマギクの様々な色のあるシリーズで、中でも、パッと目を引くこの栽培品種が一番有名です。他の草花との混色で、効果的な使い方を工夫するといっそう楽しいです。

●アジアティック ハイブリッド'ランディーニ'

Lilium 'Landini'

ユリ科　球根
花期5月／高さ90〜100cm／幅30cm

限りなく黒に近い花色をもつユリ

スカシユリを基にした上向きに咲くユリの一群をアジアティック ハイブリッドと呼びます。'ランディーニ'はその中にあって、とても存在感のある黒赤のユリです。そろそろ暑くなってくる時期に黒い花は傷みやすいようで花もちが少し悪いです。日照不足では衰弱してしまうので、草丈の半分以下の高さのものと組み合わせます。

●オキザリス トリアングラリス

Oxalis triangularis

カタバミ科　球根
花期6〜8月／高さ20cm前後／幅20〜30cm

はっとするほど黒に近い葉の色が庭を引き締める

濃い紫色の葉が印象的な球根性のカタバミの仲間です。薄い桃色のかわいい花も咲きます。野生型はもちろん緑の葉で白か薄い桃色の花が咲きます。熱帯的な雰囲気がありますが、関東地方ぐらいであれば戸外でじゅうぶんに越冬します。緑の葉に白い模様が入った'ファニーFanny'という美しい栽培品種もあります。

スタイリッシュな青と無彩色の白

青を中心とする寒色は、クールでスッキリとした雰囲気を作り出します。同様に青みの強い葉、さらにシルバーがかった青い葉は、クールでメタリックな印象を植栽にプラスします。緑色の葉の中で、青い葉はパッと目を引くので、じょうずに使うと効果的です。

①●サルビア オフィキナリス(セージ)

Salvia officinalis 'Maxima'

シソ科　宿根草(常緑)・ハーブ

鑑賞期 通年／高さ 30 ～ 60cm ／幅 30 ～ 50cm

花も葉も美しく暑さと乾燥に強いセージ

ハーブとしてあまりに著名なセージの大型タイプです。セージは春に咲く紫色の花は美しく、灰緑色の葉はカラーリーフとしての価値があります。暑さと乾燥に強いのも長所です。ハーブとしてイメージが限定されがちですが、暑さに強く花も葉もきれいな園芸植物としてもっと活用したい植物です。日なたで育て、水はけのよい土で育てます。

②●ユーフォルビア カラキアス ウルフェニー

Euphorbia characias subsp. *wulfenii*

トウダイグサ科　宿根草(常緑)

鑑賞期 通年／高さ 60 ～ 90cm ／幅 45 ～ 60cm

黄緑色の花も楽しみなユーフォルビア

地中海地方の日当たりのよい荒地や岩の多い場所に生えています。日なたで育ててください。水はけのよい土で植え、できれば盛り土をした上に植えます。整然とした姿や灰色を帯びた青緑色の葉だけでなく、4 ～ 5 月に咲く黄緑色の変わった形の花もみごとです。この植物の汁には毒性がありますから、手入れする時は長袖と手袋が必要です。

●モクビャッコウ

Artemisia chinensis

キク科　低木(常緑)

観賞期 通年／樹高 30 ～ 50cm ／幅 30 ～ 60cm

夏の日差しや暑さに強く
加湿に弱い

日本では南西諸島の海岸の岩場に生えています。生えている場所がら、暑さに強く、乾燥にも耐えます。ヨモギの仲間ですから、触ると芳香があり和名の由来になっています。萌芽力は強く強剪定がきくので、境栽にも使えます。意外と寒さに強く、東京あたりでは戸外で傷まずに越冬します。花は魅力が乏しく観賞価値は葉にあります。

●シロタエギク'シーラス'(ジャコバエア マリティマ)

Jacobaea maritima 'Cirrus'

キク科　宿根草(常緑)

観賞期 通年／高さ 30 ～ 60cm ／幅 30 ～ 50cm

「シロタエギク」と
呼ばれているけれど…

切れ込みの少ない、大きい葉をもつ栽培品種です。野生型は地中海地方の原産で、海岸近くの日当たりのよい岩場や崖などに生えます。大きな株になると黄色い花が咲きます。日なたで育て、水はけのよい土壌を好みます。シロタエギクの名前で呼ばれますが、この名で呼ばれる植物が複数あるのでまぎらわしく、取り違えに注意しましょう。

●ジャノヒゲ'白竜'

Ophiopogon japonicus 'Hakuryū'

キジカクシ科(ユリ科)　宿根草

観賞期 通年／高さ 10 ～ 15cm ／幅 10 ～ 20cm

きれいな白縞が映える
スタイリッシュなジャノヒゲ

ジャノヒゲの品種といえば矮性の'玉竜 Gyokuryu'が普及しています。'白龍'はきれいな白縞斑が入り、葉はやや立ち性です。普通のジャノヒゲより弱体ですので、鉢植えにするか、この種だけで植えます。同じ栽培品種名のものにコヤブラン'白竜'があります。こちらは大きさは倍ぐらいあり、ムスカリのような花が咲きます。

① ⬤ パニクム ヴィルガツム 'プレーリー スカイ'

Panicum virgatum 'Prairie Sky'

イネ科　宿根草・オーナメンタルグラス

花期 9 〜 10 月

高さ 90 〜 150cm ／幅 60 〜 100cm

パッと目を引く青い葉のパニクム

北米原産のグラス類です。一般的に栽培されている青い葉のパニクムに、パニクム アマルム P. amarum と、パニクム ヴィルガツム P. virgatum があります。どちらも日なたで育てますが、アマルムは水はけのよい土壌を好み乾燥に耐え、ヴィルガツムはいつも適度に湿った土壌を好み多湿に耐えます。両者は水湿に対する耐性が逆ですから、植えたい場所に合わせて種類を選んでください。

② ⬤ オンファロデス リニフォリア

Omphalodes linifolia

ムラサキ科　一年草（越年草）

花期 4 〜 6 月

高さ 20 〜 40cm ／幅 30cm ほど

日本の野山に咲くルリソウの仲間

清純な白い花がたくさん開花します。ムラサキ科の植物の常で、直根性で移植を好みません。ポットや鉢植えのものを移植する時は根を傷めないように丁寧に作業します。白っぽい葉は、花がなくても観賞価値があります。地中海地方原産。

③ ⬤ シロヨモギ

Artemisia stelleriana

キク科　宿根草・高山植物

花期 8 〜 10 月

高さ 15 〜 60cm ／幅 30 〜 60cm 以上（群生）

冷涼な地域に向くシルバーリーフ

白い葉がきれいで、同じ仲間のアサギリソウとはまた違った美しさをもつ植物です。地下茎で殖え、群生しますが密生せず、少し隙間ができます。温暖な地域では山砂植えにして高山植物として扱います。温暖な地域にはモクビャッコウ A. chinensis やジャコバエア マリティマ（シロタエギク）Jacobaea maritima のほうが向いています。

左手前の白い花はモモバキキョウ。中央の白い花はクロバナフウロの白花。冷涼な地域では高さ90cmほどに育ち、こぼれ種で殖える。右奥の白い花穂はジギタリス。水はけのよい日なたを好みます。

すみれの中のただひとつの「スミレ」

日本に自生するものだけでも、およそ50種類もあるすみれの仲間。そのたくさんのすみれの中で、「スミレ」と表記されるのは、写真（左）のスミレだけ。まぎらわしいので、学名の「マンジュリカ」と呼んで区別することもあります。細長い葉をもち、濃い紫色の花を咲かせる左の写真のスミレは、日本の春を代表する野の花のひとつです。春、3月下旬から6月頃まで、土手や田んぼの畦道、森の中や林縁を歩くと、よく目につく花です。野山だけでなく、街のアスファルトの隙間や、住宅の玄関の外階段の隙間など、思いがけない場所で、このスミレが可憐な花を咲かせているのもよく見かけます。これは、完熟した種子についているエライオソーム（種枕）というものの成分がアリを引き寄せて種を運ばせるからです。種を巣に持ち帰ったアリは、種子本体はゴミとして捨ててしまうため、すみれの種は飛び散った先から、さらに離れた場所に移動できるというわけです。感心するほど、よくできた仕組みです。

●スミレ
Viola mandshurica
スミレ科　宿根草
花期3～4月／高さ10cm／幅10cm

アスファルトの隙間にも咲く
道端や明るい草原に見られますが、野生を見る機会は意外に少ないかもしれません。姿がよく、昔から親しまれてきた可憐な春の花です。色の変化が多く、この種だけでもコレクションを楽しめます。北鎌倉、東慶寺で 撮影。

●タチツボスミレ (p.125)

日当たりのよい道端から低山の林縁まで幅広い環境に見られる、もっとも身近なすみれです。葉は丸いハート形なので、葉を見るとスミレと区別できます。花色に変化が多く、性質は丈夫で育てやすいので、栽培してみると楽しいです。よく似た近縁種が多い。北鎌倉、浄智寺で撮影。

第5章「野の花」と暮らす

野山に自生する野生種の植物は、園芸品種の植物に比べると、少し地味めなものも多いのですが、そのかわり、いつまで眺めていても、見飽きるということがありません。園芸品種の植物の中でも、「野の花」風の植物が人気を集めているのは、楚々としたナチュラルな雰囲気にこそ、心いやされるからなのでしょう。さあ、小さな庭に、どんな「野の花」を植えましょうか？

ミヤコワスレ（軽井沢オークハウス）

● ホウチャクソウ'バリエガータ'
Disporum sessile 'Variegatum'
イヌサフラン科(ユリ科)　宿根草・高山植物
花期4～5月
高さ30cm ／幅15cm前後

**日本列島や朝鮮半島などの
低地から山地の森林に生える**

白の斑入りの葉と、葉のつけ根から垂れ下がって咲く緑がかった白い花が魅力。高さは系統によってかなり違うので、地植えにする場合は大型のものを選んでください。あまり競争力はないのでこれだけ植えるか、鉢植えにします。高山植物を植える山砂系の土を使います。明るい日陰の、湿った水はけのよい土壌を好みます。

● ヒメイズイ
Polygonatum humile
クサスギカズラ科(ユリ科)　宿根草・高山植物
花期5～6月
高さ10～30cm ／幅20～50cm以上(群生)

**地面すれすれに咲く
小さな花**

山を歩いていてこの花に出会うと、思わずしゃがみ込んでクリーム色の小さな花に見入ってしまいます。厚みのある葉はラグビーボールのような形。あまり競争力はないので鉢植えに。高山植物を植えるような山砂系の土で植えます。

● チャボヤブデマリ
Viburnum plicatum var. parvifolium f. watanabei
レンプクソウ科(スイカズラ科)　灌木
花期5月
高さ30～100cm ／幅30～100cm

**小さな庭に向く
最良の花木**

静岡県・御殿場市の雑木林で発見された、ヤブデマリの一歳性（小さな若木でも花が咲く性質）のものです。小庭向けの花木として最良のひとつです。自然樹形で姿が整います。花芽は枝の先端につきますから、剪定の仕方はアジサイと同じです。鉢植えにも向きます。ヤエザキチャボヤブデマリ *f. plenum* というのもあります。

軽井沢オークハウス

長野県佐久郡／横山典子さんの庭

冷涼な気候のもと、可憐な「野の花」が健やかに育つ「軽井沢オークハウス」の庭です。庭に咲く花々は、横山典子さんが主宰するアレンジメントの教室の花材にも活用され、市販の切花では得られないナチュラルな魅力を添えています。

●シロヤマブキ
Rhodotypos scandens
バラ科　灌木
花期4〜5月
高さ1〜2m／幅1〜2m

**冬の枝先に点々とつく
黒い種子も見所**

花、整った形の葉や冬につく黒い種子など見所が多い花木です。込み合った枝や古い幹を間引く程度にとどめ、春先に枯れた枝先を取り除き、美しい自然樹形を楽しみます。花びらが4枚であること、花は枝先のみに咲くこと、葉や枝は対になってつくことに注目すればヤマブキとは簡単に識別できます。

●シモツケ‘源平’
Spiraea japonica ‘Genpē’
バラ科　灌木
花期5〜8月
高さ30〜150cm／幅30〜200cm

**‘源平’は1株が
ピンクと白の咲き分けになる**

シモツケには多くの栽培品種があり、花色は桃色の濃淡・紅・白、葉も黄金葉・斑入りや形の変わったものがあります。樹形は自然に半円形に育ちます。他の灌木同様、芽出し前に古い枝や込み合った枝を間引くだけでじゅうぶんです。めんどうなら根元10〜30cmほど残して刈っても大丈夫。小型の品種は競争に弱いので単独で植えます。

●チャボアワモリショウマ
Astilbe japonica f. *pygmaea*
ユキノシタ科　高山植物・宿根草
花期5月／高さ15〜30cm
／幅15〜30cm

**楚々とした風情を楽しむ
ユキノシタ科の植物**

アワモリショウマは日本列島（中部地方以西の太平洋側）の固有種で、チャボアワモリショウマはアワモリショウマの小型タイプです。渓流沿いの岩場に生えます。紀伊半島産だとされていて、一般には那智アワモリショウマの名で流通しています。一輪でも存在感があります。水はけのよい土で植えますが、水切れ厳禁です。

長野県軽井沢町の軽井沢オークハウス。8月の平均気温が20℃強という冷涼な気候は、多くの植物を美しく咲かせる。真冬にはマイナス9℃近くまで下がるので耐寒性のある植物を選びます。

●ヴィオラ ソロリア
Viola sororia

スミレ科　宿根草

花期3〜5月／高さ10〜20cm／幅10〜30cm

北米大陸の森や河畔林に咲くすみれ

基本は青紫色ですが、白・絞り・二色咲きなどがあり、花つきがよく花も大きめなので目立ちます。花後は、株が開花時の倍くらいの大きさになりますから、その分を見越して植えてください。すみれの仲間の常で寿命は長くないので、種を播いて後継苗を用意しましょう。意外と競争に弱いので、他の植物と密植するのは避けます。

●ニリンソウ
Anemone flaccida

キンポウゲ科　宿根草

花期4〜5月／高さ10〜20cm／幅15〜50cm以上(群生)

春の野山一面を覆う清楚な白い花

平地から山地の、谷筋や川沿いの森林に生えます。よく殖えるので自生地ではしばしば一面がニリンソウに覆われます。ほどよく湿った水はけのよい肥沃な土壌を好み、春はじゅうぶんに日が当たるところで育てます。半八重咲きのギンサカズキイチゲ f. *semiplena* や鉢植え向きの小型タイプが流通。

①●アスター コーライエンシス
Aster koraiensis

キク科　宿根草

花期6〜8月／高さ30〜50cm／幅30〜50cm以上（群生）

花期が長く庭に欲しい植物

青紫の花は高温多湿に強く、花期が長く花もちも比較的よいので重宝する宿根草です。湿った肥沃な土壌を好み、地下茎を伸ばして群生しますが、株が小さいうちは競争に弱いので、あまり他の植物の陰にならないように配植します。朝鮮半島南部の特産。日当たりのよい川沿いや湿地に生えます。

②●カワラナデシコ
Dianthus superbus

ナデシコ科　宿根草

花期5〜9月／高さ30〜100cm／幅20〜30cm

古くから愛されてきた秋の七草のひとつ

花色は桃色の濃淡・白・紅・絞りがあり、全体に白粉を帯びる個体もあります。茎はなよなよとして倒れがちなので、日に強く当ててガッチリ育てるか、行灯型支柱で株の下方を支えます。初夏から秋まで2、3回は繰り返し咲いてくれます。株の寿命が短めなので、種を播くか挿し芽で後継苗を用意。

point

密植しすぎないようにというのが、地植えの鉄則です。密植すると蒸れやすく、日差しが入らないため植物は健全に育つことができません。病害虫の巣窟にもなりがちです。風と光が通るように植えましょう。

植物の花は？ 葉は？ 茎は？

花の形、花のつき方、葉の形、葉のつき方、茎の様子などを見てみると、植物によってそれぞれの個性をもっていることがわかります。日頃からよく観察して植物の特徴を知っておくと、花の咲いていない時期にも、その植物が何かを見分けることができて楽しさが広がります。

① ●アルンクス アエスシフォリウス（丹那チダケサシ）
Aruncus aethusifolius

バラ科　宿根草・高山植物
花期6〜7月／高さ15cm／幅15cm

丈夫ですが水切れに弱いので水やりをじゅうぶんに
韓国の済州島・漢拏山の特産で、高山の岩場や草原に生えます。細やかな葉とこんもりとまとまる姿が抜群に美しく、初夏の花だけでなく秋の紅葉も楽しめます。高山植物用の山砂系の土を使って鉢に植え、夏は明るい日陰の涼しい場所に置きます。ヤマブキショウマとの交配種もあり、地植えにするなら、大きくて丈夫なのでそちらを勧めます。

② ●ウシノシッペイ‘十和田’
Hemarthria sibirica ‘Towada’

イネ科　宿根草・水生植物
花期7月／高さ30〜100cm／幅30〜60cm以上（群生）

水切れすると傷むので腰水にして管理を
芽が出る頃から直射日光に当てると斑の部分に紅色がさして美しい色を見せます。緑の葉で夏になると葉先に紅色を乗せる‘紅アシ Beni-ashi’や黄縞斑などの栽培品種があります。地下茎が伸びて猛烈に殖えますから、地植えにしたい場合は鉢植えにして鉢ごと地面に埋め込んでください。毎年植え替えます。

③ ●シロバナシャジクソウ
Trifolium lupinaster f. *leucanthum*

マメ科　宿根草・高山植物
花期4〜5月／高さ30〜50cm／幅30cm前後

シロツメクサの仲間
印象がだいぶ違うのでピンときませんが、シロツメクサの仲間です。ユーラシア大陸の寒冷な地域に広く分布し、草原や林縁などに生えます。高山植物用の山砂系の土を使って、夏は明るい日陰になる場所に植えます。地下茎を伸ばして殖えるので、囲った中に植えてください。寒冷地なら宿根草として扱えます。

④ ●カワラナデシコ (p.110)

⑤ ●ハナゼキショウ
Tofieldia nuda

チシマゼキショウ科（ユリ科）　高山植物
花期7〜8月／高さ20〜30cm／幅15cm前後

雪の結晶のように繊細な白い小花
白い小花をつけた細い花茎が風に揺れてなびく姿が美しく、眺めていると心癒されます。日本列島（関東地方以西の本州・九州）特産の植物です。基本的に鉢植えにし、地植えにするならロックガーデンを築いて用土を客土します。成長は遅いので気長におつきあいください。

●ミナヅキ
Hydrangea paniculata

アジサイ科(ユキノシタ科)　灌木
花期6〜7月／高さ2〜5m／幅2〜6m

花はドライフラワーにしても楽しめる
円錐形の花房が美しく、丈夫なのでミックスボーダーの後方に似合います。すべてが装飾花になったミナヅキ f. *grandiflora* や、それをさらに改良した‘ライムライト Limelight’がよく植えられています。根はかなり張る上、地上部もかなりかさばるので、じゅうぶんなスペースを取って植えてください。ミナヅキはノリウツギの手鞠咲きになったものです。花が終わったあとも、ピンク色に色づいて美しいので残しておくのもよいですし、早めに来年の花に備えて剪定してもよいです。ドライフラワーにも向きます。枝が立ち性なので、多少狭い場所でも、収まります。

⑥ ●カンパニュラ ロツンディフォリア‘アルバ’
Campanula rotundifolia ‘Alba’

キキョウ科　宿根草・高山植物
花期4〜5月／高さ15〜30cm／幅10〜20cm

高山の岩場や草地に自生する繊細な植物
高山植物用の山砂系の土を使って育て、夏は明るい日陰でなるべく涼しい場所に置いてください。普通品は青紫色の花。産地や系統による性質の差が大きく栽培の難しいタイプもあります。基本的に大型のタイプほど強く、小型でまとまるものほど弱いと考えてください。鉢植えの場合は毎年植え替えます。

⑦ ●シモツケ‘源平’ (p.109)

⑧ ●ヌマトラノオ
Lysimachia fortunei

サクラソウ科　宿根草・水生植物
花期7〜8月／高さ30〜70cm／幅30cm〜数メートル（群生）

花穂が立つのがヌマトラノオ
花穂の先が下がるのがオカトラノオ
オカトラノオに似ていますが、やや小型で花穂が真っ直ぐに立つこと・全体に毛がないか極めて少ないことなどで区別できます。地下茎を伸ばして旺盛に殖え、自生地では一面この花で覆われていることがあります。基本的に鉢植えとして腰水で管理し、毎年植え替えます。地植えの場合は囲っておきましょう。

●日なたが好き　●日なた〜明るい日陰が好き　●明るい日陰が好き　●明るい日陰〜日陰が好き

左はヤマアジサイ、右の紫の花はミヤコワスレ。

●ナツユキソウ
Filipendula × purpurea f. albiflora
バラ科　宿根草
花期5〜6月／高さ50〜100cm／幅50〜70cm

明るい葉色と白い花の対比が美しい

濃いピンク色の花が咲くキョウガノコ f. *purpurea* の白花品です。葉や茎は明るい緑色をしていますから、花がなくても区別できます。葉の形に特徴があり、おもしろ味がある上、わりと広い環境に適応できる優れた宿根草です。シモツケソウ F. *multijuga* とよく似ていて混同されますが、普通シモツケソウのほうがやや小型で、葉の切れ込みが普通5つ、鋸歯が小さく、明確な側小葉があり、托葉（葉のつけ根と茎の間につく小さな葉）は茎を巻くようにつく点などで、区別できます。程よく湿った肥沃な土壌を好み、乾燥を嫌いますから、水切れには特に注意してください。

●ヒューケラの栽培品種

Heuchera

ユキノシタ科　宿根草（常緑）
花期4〜7月／高さ20〜50cm／幅20〜50cm

葉の多彩な色合いを楽しめる

シェードガーデン向けの植物として最上のもののひとつです。葉の色彩は極めて多様で、耐寒性のある宿根草の中では、たぶんいちばん多くの色彩をもっているでしょう。葉の色合いは季節によって変化します。花は派手ではありませんが、多数の小さな花が疎らに咲いて、カスミソウのような効果があります。

●コアジサイ

Hydrangea hirta

アジサイ科（ユキノシタ科）　灌木
花期6月／樹高50〜150cm／幅50〜100cm

線香花火のような花と整った葉をもつ美しい植物

アジサイには普通、花の周囲または全体にガク片が大きく発達した装飾花がありますが、日本産のアジサイの中で唯一、コアジサイには最初から装飾花がありません。線香花火のような詫びた美があり、整った形の葉と合わせて美しい植物です。花には甘い香りがありますが、強いものではありません。水切れに弱いので、鉢植えにして腰水にするか、水もちのよい土になるように土壌改良しておきます。

●ティアレラの栽培品種

Tiarella

ユキノシタ科　宿根草（常緑）
花期4〜5月／高さ20〜40cm／幅20〜40cm

**ヒューケラよりも
日陰に耐えるティアレラ**

ティアレラの野生種は北米大陸に2種あり、アジアにもズダヤクシュ *T. polyphylla* が1種あり、これらを交配して作り出された栽培品種です。野生種は山地の森林にある湿った場所に生えます。ヒューケラよりも日陰に耐え、水を好みます。ヒューケラはヒューケラとティアレラの属間交配種で、両者の中間的な性質を示します。

●カスマンシウム ラティフォリウム（ワイルドオーツ）

Chasmanthium latifolium

イネ科　宿根草
果実7〜10月／高さ60〜120cm／幅30〜60cm

**風に揺れる
夏の花穂が爽やか**

丈夫で、穂の形がおもしろく、しかも長もちしますから観賞用グラス類として優秀です。真っ直ぐに直立するので横に広がる感じの植物とよく調和します。こぼれ種で旺盛に殖えるので日常的に管理できない場所に植えてはいけません。白縞斑の'リバーミストRiver Mist'は白い斑が美しいだけでなく、野生型ほど暴れ者ではないようです。

植物が好む場所は？

右ページのキキョウとマツムシソウは、日なたが好きな植物です。
左ページのアネモネ カナデンシスとフタリシズカは明るい日陰が
好きです。それぞれの植物のもともとの自生地の環境に近い場所
に植えると、植物は機嫌よく育ちます。

●アネモネ カナデンシス
Anemone canadensis

キンポウゲ科　宿根草
花期 5 〜 6 月／高さ 30 〜 80cm ／幅 30 〜 50cm 以上（群生）

**寒冷地の植物のわりに丈夫
地下茎を伸ばして殖える**

すっと伸びた細い茎の先に清楚な白い花をつけます。原産地は北
米大陸北部で、耐寒性はありますが暑さが苦手なので、冷涼な気
候の地域に向きます。フタマタイチゲ *A. dichotoma* とそっくり
でパッと見ただけでは区別し難いのですが、フタマタイチゲのほ
うがやや小型です。フタマタイチゲはユーラシア大陸の寒冷な地
域に広く分布し、日本では北海道東部だけで見られます。

●フタリシズカ
Chloranthus serratus

センリョウ科　宿根草
花期 4 〜 5 月／高さ 20 〜 40cm ／幅 30 〜 50cm

**寄り添う 2 本の花穂から
二人静の花名に**

森の中の湿った場所に生える植物です。
野生状態では花穂は 2 本が普通ですが、
栽培条件下ではしばしば 3 本以上の穂が
出ます。斑入り品種、また全体が明るい
緑色の青軸品も流通しています。系統に
よって大きさに差がありますから、地植
えにする場合は大型のタイプを選びます。
ヒトリシズカ *C. japonicus* とキビヒトリシ
ズカ *C. fortunei* は花穂が 1 本で、ブラシ
のような形をしています。

●キキョウ

Platycodon grandiflorus

キキョウ科　宿根草
花期6〜9月
高さ20〜100cm／幅20〜30cm

花も草姿も
凛とした美しさをもつ

釣鐘型の大きめの花は美しく、草姿もよく、場所を取りません。花色は紫〜青紫・水色・白・桃・絞りなどがあり、花形も二重や八重、最後まで蕾のままの袋咲きがあります。育てるならば早咲きの'五月雨 Samidare' 系統を勧めます。最初に咲いた花が終わった後、上3分の1〜半分ほどを切り戻せば、もう一度花が楽しめ、株の状態がよいとさらにもう一度開花するからです。東アジアに広く分布し、日当たりのよい草原に生えます。

●マツムシソウ

Scabiosa japonica

スイカズラ科（マツムシソウ科）　二年草
花期7〜10月
高さ50〜120cm／幅30〜80cm

夏山の日当たりのよい草原で出会う
マツムシソウのお花畑

日本列島の特産です。花が終わると寿命を迎えますから、必ず種を採って後継苗を育てます。最初は株が大きくなるだけで、翌年以降に開花サイズに達した株は茎を伸ばして花を咲かせます。移植に弱いので、直播きするか、根鉢を崩さないように注意し、定植後は動かしてはいけません。競争力はあまりないので、これだけで植えるか、高さ15cm以下の植物と組み合わせます。

秋の庭の色

コンギクをはじめ、耐寒性と耐暑性の両方を
備えた菊の仲間は、日本で長く親しまれてきた
秋の花です。花期の長いものも多く、秋の庭
を支えてくれる草花です。植物が作り出す華や
かな「秋の庭の色」を楽しみましょう。

コンギク

●コムラサキ

Callicarpa dichotoma

シソ科(クマツヅラ科)　灌木
花期5〜6月(実は10〜12月)／高さ1〜3m／幅1〜3m

ビーズのような実を
長く楽しめる

鮮やかな紫色の実は艶があっ
て、長く色をとどめて美しいも
のです。葉は黄葉するのも珍し
く、また果実の色を引き立てま
す。果実が白いものがあり、シ
ロミノコムラサキ f. *albifructa*
といいます。'デュエット Duet'
は白実で白覆輪の斑入り葉の品
種で、日本国内での普及が待た
れるものです。実だけでなく花
も薄紫色できれいです。

●コンギク

Aster microcephalus var. ovatus 'Hortensis'

キク科　宿根草
花期10月／高さ30〜60cm／幅30cm以上（群生）

濃い紫色が深まる秋の趣

コンギクはノコンギクから見出されたとされる栽培品種です。
野生型であるノコンギクは日本列島の特産で、平地からやや
高い山の草原や崖・道端・林縁・川岸などに生えます。ノコ
ンギクは薄紫色で、コンギクは濃紫色の花を咲かせる点で簡
単に区別がつきます。野草的な雰囲気と鮮やかな色彩がみご
とに調和した植物で、秋に似つかわしい草です。ノコンギク
は薄紫色の花色の他、ピンクの濃淡があり、いくつかの栽培
品種があります。アキバギク'清澄' *A. sugimotoi* 'Kiyosumi'
は美しいピンクの花と濃い紫褐色の茎が特徴的な人気の栽培
品種で、いまから15年ほど前に千葉県の清澄山近くで発見さ
れたものです。

アキバギク'清澄'

ドウダンツツジ、ミナヅキの紅葉。寒暖の差が大きい軽井沢では、秋の植物のひときわ美しい紅葉が見られます。

カスマンシウム ラティフォリウム
（ワイルド オーツ）（p.115）

●ミナヅキ (p.112)

●リンドウ
Gentiana scabra var. buergeri
リンドウ科　宿根草・高山植物
花期10〜11月／高さ30〜50cm／幅30cm前後

ぐっとくる深い群青色の花

古来より深い群青色のリンドウの花は、賞賛され庭で楽しまれてきました。少し気難しいところがあり、植えれば育つというほど簡単ではないのですが、挑戦する価値があります。花は日が当たらないと開きませんから日陰には向きません。茎が倒れがちですから、行灯支柱を立てて支えるか、梅雨頃に半分に刈り込んで高さを抑えます。株の寿命は短めなので、挿し芽や種を播いて後継苗を用意しておきましょう。

雑木林の庭

東京都町田市／前島光恵さんの庭

コンセプトは武蔵野の雑木林。シェイディなエリアと明るい木陰、日当たりのよい場所が庭にバランスよく混在しています。日本の野山に自生する植物を中心に、幾種類もの「野の花」が、それぞれのお気に入りの場所で、はっとするほど可憐な花を咲かせます。優しい光と、ほどよく湿った水はけのよい土壌を好む植物たちです。

新緑に包まれる初夏の庭。

●ショウジョウバカマ
Helonias orientalis
シュロソウ科(ユリ科)　宿根草(常緑)
花期 3～4月
高さ 10～20cm ／幅 15cm

**花と葉を空想上の動物
猩々の姿に見立てた名前**
環境に対する適応力をもつ丈夫な野草です。冬は葉が赤く紅葉します。花色はきれいな赤紫色を基本に青紫色・桃色・白があり、八重咲き種・斑入り種なども販売されています。競争力はあまりないので鉢植えにするか、ショウジョウバカマより小型の植物と組み合わせます。千島列島南部・サハリン南部と日本列島の平地から亜高山帯までの森林や湿った崖・川辺に見られます。午前中に日が当たる半日陰の場所を好みます。

●ラナンキュラス フィカリア
Ranunculus ficaria
キンポウゲ科　宿根草(球根植物扱いの場合も)
花期 3～5月／高さ 5～10cm ／幅 15cm

**植えっぱなしにできて
野生化するほど丈夫な植物**
秋に芽を出し、早春に開花する花は黄色の一重が基本ですが、白花や八重咲きがあり、銅葉や葉の紋様の異なったいろいろな品種があります。ヒメリュウキンカという名前で販売されていることがありますが、リュウキンカの仲間ではありません。夏は休眠して地上部は枯れるので、この時に植え替えや株分けをします。

●バイカオウレン
Coptis quinquefolia
キンポウゲ科　宿根草(常緑)
花期 1～3月／高さ 5～10cm ／幅 10～30cm

**地下茎を伸ばして
常緑の葉をマット状に広げる**
常緑の葉は一年中色を変えません。花の形は個体差が大きいので、自分で実物を見て選びましょう。明るいライムグリーンの黄金葉は、花もよくお勧めです。競争力は低いので鉢植えにするか、これだけで植えます。本州（東北地方南部から中国地方）の特産で、低山の森林の湿った場所に生えます。

●日なたが好き　●日なた～明るい日陰が好き　●明るい日陰が好き　●明るい日陰～日陰が好き

● キクザキイチゲ

Anemone pseudoaltaica

キンポウゲ科　宿根草

花期 3〜4月

高さ15cm ／幅30cm前後（群生）

「春の妖精」と呼ばれる
可憐な早春の花

2月下旬から6月はじめまでの3カ月ほどしか地上部がない「スプリング エフェメラル（春植物）」と呼ばれる植物の代表的なものです。花は白・紫・ラベンダーブルー・ピンクなどがあり、いくつもの八重咲き品種があります。なぜか鉢植えでは極めて開花しにくく、鉢植えにしたいなら八重咲きの'雪の精 Yuki-no-sei'という品種を選んでください。これは鉢でも花つきがよいです。春はじゅうぶんに日が当たるところで育てます。地下には長い根茎があり、これで殖えます。休眠中も植えたままにします。

早春の花が次々に咲いて、春の庭へ

お正月すぎに、まずバイカオウレンが咲き始めます。続いて2月下旬から3月には、ラナンキュラス、ミスミソウ、キクザキイチゲが、次々に咲きます。そのあとヘレボレス（クリスマスローズ）が咲きます。3月下旬頃、バイモが小さなクリーム色の花を咲かせると、もう、すっかり春の庭です。

● キクザキイチゲ(p.121)

● ヘレボレス × ハイブリダ
Helleborus x hybridus
キンポウゲ科　宿根草
花期 2〜4月
高さ 30cm ／幅 30〜50cm

不動の人気を誇るクリスマスローズ

ヨーロッパから小アジア原産のいくつかの種がもとになって産まれた交配種です。丈夫で育てやすく、ここ30年余の育種の成果によって優秀な春の園芸植物としての地位を不動のものとしました。特定の品種ものもあるのですが、ハイブリダは基本的に種で殖やすものですから個体差があります。実物を直接見て、自分の好みのものを選びます。一重と八重がありますが、地植えにするなら花立ちがよく雨に強い一重を勧めます。花が下向きに咲くので、花が見えるように八重咲きは台などに乗せて高さを調節できる鉢植えにします。

●バイモ
Fritillaria thunbergii

ユリ科　宿根草
花期3〜4月
高さ40〜80cm／幅20〜30cm

他の宿根草の間から顔を出す
かわいい花を楽しむ

地上部が早めになくなりますから、他の宿根草の
間などに植えておくとよいでしょう。丈夫な球根
植物ですが、よく殖えるいっぽうで、なかなか花
が咲かないことがあります。球根が大きく育つよ
う、リン酸とカリウム主体の肥料をじゅうぶんに
あげてください。球根は乾燥に弱いので、掘り上
げずに地植えにしたままに。

●バイカオウレン　（p.120）

●ラナンキュラス フィカリア　（p.120）

●オオミスミソウ
Hepatica nobilis var. japonica f. magna

キンポウゲ科　宿根草・高山植物（常緑）
花期2月下旬〜3月
高さ10〜15cm／幅15〜30cm

雪の下でも常緑を保つ
「雪割草」

雪国に春を告げるミスミソウが、雪の下から常緑
の葉をのぞかせる光景は、まさに雪割草。秋から
春の間は日なた、4月の下旬頃から明るい日陰に
移し、夏は日陰で育てます。地植えにする場合は、
よく育った落葉樹の下などが適しています。花色
や花形は豊富で、真紅や純粋な青以外の色はほぼ
すべてあります。温暖な地域では、高山植物を植
えるような山砂系の土を客土して植えてくださ
い。競争力はあまりないので鉢植えにするか、ミ
スミソウより小型の植物と組み合わせます。

春の野山に咲く花

日本は固有種の植物の豊富さにも、その美しさにも恵まれた国です。日本に植物を見に行きたい、という海外の愛好家たちが多いことも、日本の植生の豊かさを物語っています。日本の気候風土に育まれてきた植物の美しさは、日本人である私たちが、「自分が何を美しいと感じるのか?」を確認したい時の、確かなよりどころとなってくれることでしょう。

左から、ヒロハコンロンソウ、ヤマブキソウ、サクラソウの栽培品種、イチリンソウ、タチツボスミレ、チゴユリ、チョウジソウ。いつもほどよく湿った水はけのよい肥沃な土壌を好む植物たち。

●ヒロハコンロンソウ
Cardamine appendiculata

アブラナ科　宿根草・高山植物
花期 4〜5月／高さ 30〜50cm ／幅 30cm 前後

川沿いの湿った場所を好む
清楚な草姿が新鮮

低山や山地の川沿いに生え、しばしばワサビが生えるような浅い流れの中にも見られます。明るい日陰で育て、常に湿った状態を保ちましょう。たまに山草の専門店で苗を見かける程度で、あまり販売されない植物ですが庭で見てもよいものです。高山植物用の山砂系の土を客土して植えるか、鉢植えに。

●ヤマブキソウ
Hylomecon japonica

ケシ科　宿根草
花期 4〜5月／高さ 20〜30cm ／幅 30cm 前後

パッと明るい黄色が
春を告げる

基本的なものの他に、葉が細いホソバヤマブキソウや、細かい切れ込みが入るセリバヤマブキソウがあり、花弁にも細かい切れ込みが入るものや半八重、クリーム色の花色のものがあります。株は水気が多く柔らかいので風当たりの強い場所を避け、明るい日陰で育てます。乾燥に強くないので鉢植えより地植えにして。

●サクラソウの栽培品種
Primula sieboldii

サクラソウ科　宿根草・伝統園芸植物
花期4〜5月／高さ15〜20cm／幅20cm前後

江戸時代から愛されてきた
伝統園芸植物

日本では江戸時代中頃から栽培されるようになり、花色はピンクの濃淡や絞り・白・紅色があり、花形もいろいろあります。丈夫でよく殖えますが、春植物なので夏前には地上部が枯れて春まで休眠します。花後、深さ1〜2cmぐらい増し土をして伸びてくる根茎と新芽を保護するのを忘れないでください。休眠中は日陰で乾燥しないように管理を。

●イチリンソウ
Anemone nikoensis

キンポウゲ科　宿根草
花期4〜5月／高さ15cm前後／幅30cm（群生）

日本列島特産の
スプリング エフェメラル

日本列島（東北地方南部以南の本州・四国・九州）の特産で、低山や山地にある森林の湿った場所に生える可憐なスプリングエフェメラル。いつもほどよく湿った水はけのよい肥沃な土壌を好み、春はじゅうぶんに日が当たるところで育てます。休眠中も植えたままに。長い根茎で殖え、鉢栽培でも花つきは悪くありません。

●タチツボスミレ
Viola grypoceras

スミレ科　宿根草・高山植物
花期／3〜5月／高さ10〜20cm／幅15cm前後

株の寿命が短いので
後継苗の準備が必要

東アジアに広く分布し、平地から低山の道端や草原、開けた森林に普通に見られます。花色は青紫の他、白・ピンクがあり、斑入り葉などもあります。変種も多く、光沢のある葉が美しいシチトウスミレなどがあります。春は日なた、夏は明るい日陰になる場所で育てます。鉢植えの場合は高山植物用の山砂系の土で。挿し芽もできます。

●チゴユリ
Disporum smilacinum

イヌサフラン科（ユリ科）　宿根草・高山植物
花期4〜5月／高さ15〜30cm／幅20〜30cm（群生）

競争力はあまりないので
これだけ植えるか鉢植えに

地下茎でよく殖え、どんどん移動してゆきますから、囲っておくか鉢植えにして土に埋め込みます。多くの斑入り品種があり、八重咲きや花がピンク色のものも。高さは系統によってかなり違うので、地植えにしたい場合は大型のものを選びます。鉢植えの場合は、山砂系の土を使い、毎年の植え替えが必須です。

●チョウジソウ
Amsonia elliptica

キョウチクトウ科　宿根草
花期5月／高さ30〜50cm／幅30cm前後

水色の花も草姿も美しく
しかも丈夫で扱いやすい

水色の花と草姿がすばらしく美しい植物です。秋には黄葉し、見所の多い植物です。競争力もほどほどにあり、丈夫で扱いやすいのも魅力です。午前中日の当たる明るい日陰の、いつもほどよく湿った肥沃な土を好みます。成長は早く、種から育てても翌年には開花し、数年で大きな株立ちになります。

●コバノタツナミ
Scutellaria indica var. parvifolia

シソ科　宿根草
花期4〜5月／高さ5〜10cm／幅5〜20cm（群生）

フェルトのような手触りの葉
花は紫・青紫・白・ピンク

強い日差しと乾燥にも耐え、わずかな土壌でも育ち、温暖な地域では実質常緑性といってよいのでグラウンドカバーとしての価値の高い植物です。斑入り種（白覆輪）などもあります。競争力は強くないのでこれだけ植えるか、鉢植えにします。平地から低山の日当たりよい道端や薮に生えています。

point

株立ちのアオハダやナツハ
ゼの新緑が美しい4月の庭
です。葉が茂るにつれて樹
木の下は明るい木漏れ日の
エリアとなります。本書に
登場する多くの植物が好
む、広範囲の植物の生育に
適した場所です。

●アマドコロ'バリエガータ'
Polygonatum odoratum var. pluriflorum 'Variegatum'
クサスギカズラ科（ユリ科）　宿根草
花期4〜5月／高さ30〜50cm／幅30〜50cm以上（群生）

春の新芽から秋の紅葉まで長く楽しめる

明るい日陰の、いつもほどよく湿った肥沃な土を好みます。長く這う根茎で殖えて広がってゆきます。春の芽が出る頃から秋に黄葉して枯れるまで、長く美しく楽しめる植物です。競争力もあり、他の日陰を好む植物と組み合わせやすく、大きさも手頃。丈夫で育てやすく、お勧めできる植物です。

●クリンソウ
Primula japonica
サクラソウ科　宿根草・高山植物・水生植物
花期4〜5月／高さ30〜80cm／幅30〜40cm

花色は桃・紅・白種をまいて殖やす

山地の疎らに木が生えた池や湖、小川の縁に沿って生えます。浅い水に浸かって生えていることもしばしばです。春は日なたで、初夏以降は明るい日陰になる場所で育てます。高山植物を植えるような山砂系の土を使って種を播くと、翌年には7割程度は開花します。水辺を飾る宿根草としてすばらしい植物です。

●シラユキゲシ（エオメコン キオナンサ）
Eomecon chionantha
ケシ科　宿根草
花期4〜5月／高さ20〜40cm／幅30cm以上（群落）

楚々とした草姿をもち日陰にも強く旺盛に殖える

白雪芥子の名前の通りの清楚な白い花を咲かせ、花立ちがよく、特徴的な形の葉も見所があります。細長い地下茎を旺盛に伸ばして猛烈に殖えるので、植えた場所は囲うか、鉢植えにして楽しみます。中国大陸南西部から東部の山地にある森林や薮に生えます。明るい日陰になる場所で育てます。

●ケマンソウ（ランプロカプノス スペクタビリス）
Lamprocapnos spectabilis
ケシ科　宿根草
花期4〜5月／高さ50〜100cm／幅50〜70cm

早めに地上部がなくなるのでギボウシなどと組み合わせて

小さな鯛の形をした花が、釣り竿にぶらさがるように並んで咲くので、タイツリソウの別名もあります。桃色の他、白や紅色の花、黄金葉の品種などがあります。丈夫ですが、太いゴボウ状の根を切られるのを嫌うので、成長後の余裕を見て配植します。早めに地上部がなくなるので、ギボウシなど葉が広がる植物と組み合わせます。

●セリバヒエンソウ（デルフィニウム アンスリスキフォリウム）
Delphinium anthriscifolium
キンポウゲ科　一年草（越年草）
花期4〜5月／高さ15〜30cm／幅10〜20cm

ツバメが飛んでいるようなかわいい小さな花

小さな花をよく見ると、デルフィニウム（飛燕草）の名前の通り、燕が飛んでいるような型をしています。移植には強くないので、生えて欲しい所に直接播くか、根鉢を崩さないように注意して移します。野生化して問題になっている地域もあるので、日常的にコントロールできる場所に植えましょう。

●ショカツサイ（ムラサキハナナ、オオアラセイトウ）
Orychophragmus violaceus
アブラナ科　一年草（越年草）
花期4〜5月／高さ30〜50cm／幅30〜40cm

日本中であふれ咲く紫色の春の花

春になると庭はもちろん、道端や土手、線路際など、あちこちで見かけるおなじみの花です。柔らかな葉の色も美しく、パンジー以外に春の花ではっきりした紫色のものは意外に少ないので重宝します。ハモグリバエの被害が大きいので長期間効く殺虫剤を散布して予防します。東アジアの低地の森林や道端など様々なところに生えます。

●日なたが好き　●日なた〜明るい日陰が好き　●明るい日陰が好き　●明るい日陰〜日陰が好き

●イカリソウ

Epimedium grandiflorum
var. thunbergianum

メギ科　宿根草
花期 4 〜 5 月
高さ 30 〜 50cm ／幅 30 〜 50cm

本州特産の植物で
平地から低山の森林に生える

花は葉かげに咲くものと、花茎が高く伸び
て咲くものがあります。地植えには後者を
選んでください。ハート型の葉が美しく、
優秀なグラウンドカバーとなります。根茎
を伸ばして殖えてゆきます。春は日なたで、
初夏以降は明るい日陰になる場所で育てま
す。いつもほどよく湿った水はけのよい肥
沃な土壌を好みます。

イカリソウを庭の定番に

古くから日本で愛されてきたイカリソウは、欧米ではクリスマスローズに匹敵する
ほどの人気を誇る宿根草です。透き通るパステルカラーの花々、やさしい草姿、
高さは庭で他の植物と調和させやすい 30 〜 50 センチほど。寒さにも暑さにもへ
こたれない強靭な宿根草です。一度植えれば、手をかけなくても、毎年、約束通り、
美しい花をたくさん咲かせてくれます。加えて美しいのが葉です。芽が出るとすぐ
に蕾をもった茎が立ち上がり、同時に臙脂色を帯びた葉が展開し始めます。この
葉はほとんど病害虫を寄せつけません。ハート型をしたかわいい葉は、グラウンド
カバーとして庭を支えてくれます。覚えておきたいのは、移植や株分けは花後の
葉が成長し切った後から 9 月頃におこなうことです。休眠中に植え替えると、とき
どき休眠から一年以上目覚めない（枯れるわけではないが芽が出ない）ことがある
ためです。これはイカリソウの仲間に共通です。

●イカリソウ‘楊貴妃’

Epimedium ‘Yokihi’

メギ科　宿根草
花期 4 〜 5 月
高さ 20 〜 30cm ／幅 20 〜 50cm

丈夫で美しい
イカリソウの交配種

中国産の黄花種と *E. × rubrum* との交配
種だといわれていますが、はっきりしま
せん。なんにせよとても美しい名品で、
初期の交配種として傑作でしょう。現在
でもとても人気の高い栽培品種です。こ
の品種は落葉性です。丈夫な普及品なの
で入手しやすく値段も手頃なので、これ
も勧められる点です。

●ウメザキイカリソウ

Epimedium × youngianum

メギ科　宿根草

花期4月

高さ20cm前後／幅30〜50cm（群生）

蝋細工を思わせる
可憐な小さな花が咲く

バイカイカリソウ *E. diphyllum* とヤチマタイカリソウ *E.grandiflorum* var. *grandiflorum* の雑種と考えられています。イカリソウよりやや小型で、よく殖えます。花期が長いバイカイカリソウの血を引いているので少し長く花を楽しめるのもよい点です。栽培の要点はイカリソウと同じです。

●エピメディウム
×ヴェルシコロール

Epimedium × versicolor

メギ科　宿根草

花期4月

高さ20〜30cm／幅30〜50cm（群生）

若葉の色が抜群に美しく
丈夫な交配種

イカリソウとカフカス山脈原産のエピメディウム ピンナツム 亜種 コルチクム *E. pinnatum* subsp. *colchicum* との交配種。国内で栽培されているのはその中の'スルフレウム Sulphureum' という栽培品種がほとんどです。交配種ゆえにたいへん丈夫で、イカリソウ以上に環境への適応性があります。美しい若葉がきれいに出て来れるように、古い葉は芽が出てくる前に刈り取っておきましょう。

point

山野草や野生種から園芸化された植物は、好む環境が決まっています。どういう環境を好むのか、事前の調査が大切です。自分の庭の環境には合わないと判断された植物はきっぱり諦めて、合うものを選びます。

●ミヤコワスレ（ミヤマヨメナ）
Aster savatieri
キク科　宿根草
花期4〜5月
高さ30cm前後／幅10〜30cm（群生）

3年に1度は株分けをして
植え直しが必要
江戸時代から春菊の名で栽培されており、都忘れはその栽培系につけられた流通上の名前です。栽培品種には純白花・ラベンダーブルー・濃紫・ピンクの濃淡がありますが、野生型は白に近い薄い青紫です。丈夫な植物ですが、ある程度まとめて植えないと他の植物に負けてしまうことがあります。

初夏の野山に咲く草花

初夏の野山に咲く草花です。それぞれの植物の故郷の環境をイメージして、地植えの場合は、午前中は日が当たり、午後には木漏れ日が差す、そんな場所を用意しましょう。よく葉を茂らせた落葉樹の下のような場所です。いつもほどよく湿っていて、しかも水はけのよい土を好む植物は、とくに温暖な地域で地植えにする場合は山砂系の土を客土して。鉢に植える場合も山砂系の土を使います。

●ベロニカ スピカータ'ナナ'
Veronica spicata 'Nana'

オオバコ科(ゴマノハグサ科)　高山植物
花期5月／高さ15〜20cm／幅20cm前後(群生)

ヨーロッパから中央アジアの草原や森林が原産地

高山植物を植えるような山砂系の土を使って育てます。基本的に鉢植えとし、日なたで育て、夏だけは明るい日陰に移します。地植えにするにはロックガーデンを築いて山砂系の土を客土します。旺盛に育つので毎年の植え替えと株分けが必要です。同じ矮性タイプにはピンクや白花のものもあります。

●アクイレギア エカルカラータ（オダマキの仲間）
Aquilegia ecalcarata

キンポウゲ科　高山植物
花期4〜5月／高さ20〜30cm／幅30cm

花色は薄紫、薄いピンク純白、絞りも

中国大陸中部から南西部の山地にある疎林や草に覆われた斜面に生えます。高山植物を植える山砂系の土を使って鉢植えに。地植えにするにはロックガーデンを築いて山砂系の土を客土します。ミヤマオダマキとの交配とされる2色咲きのものも。株の寿命が長くないので、種を播いて後継苗の用意が必要。

●ヒューケラ サンギネア
Heuchera sanguinea

ユキノシタ科　宿根草（常緑）
花期4〜5月／高さ30〜40cm／幅30cm前後

鮮やかな真紅の花の他白花がある

アリゾナ州・ニューメキシコ州〜チワワ州北部（メキシコ）の山地の岩場の湿った陰に生えます。明るい日陰の、ほどよく湿った水はけのよい土壌を好みます。雨があまりかからない場所が適しています。数年育てると茎がしだいに上がってきて衰えるので、そうなる前に増し土をするか、掘り上げて植え直します。

●アジュガ レプタンス
Ajuga reptans

シソ科　宿根草（常緑）
花期3〜5月／高さ10〜25cm／幅30〜50cm

ヨーロッパの林縁や森林の湿った場所が原産地

理想的なグラウンドカバー植物で、マット状に広がります。花色（紫・白・桃）・葉色（緑・紫・茶色）・斑入りなどの品種が多数あります。1芽から3〜5本の匍匐枝を伸ばして、その先に新しい株を作って親株は枯れます。新たに植えつける時は密植せずに繁殖する余裕を見て。3年に1度は植え直すと長い間、美しい眺めを保てます。

●ポレモニウム レプタンス'ステアウェイ トゥ ヘブン'
Polemonium reptans 'Stairway to Heaven'

ハナシノブ科　宿根草・高山植物
花期4〜5月／高さ30〜40cm／幅30〜40cm

グレイッシュな青い花と斑入りの葉が美しい

北米東北部原産で森林に生えるポレモニウム レプタンスの斑入り品種です。寒い時期にはクリーム色の斑がピンク色に染まって縁取ることがあります。花のない時期には、この斑入りの葉がカラーリーフとして存在感を見せてくれます。明るい日陰の水はけのよい土壌を好みますが、同時に乾燥を嫌うので注意します。

●ディスポルム カントンニエンセ（ホウチャクソウの仲間）
Disporum cantoniense
イヌサフラン科（ユリ科）　宿根草
花期4〜5月／高さ30〜100cm／幅30〜40cm

ホウチャクソウの仲間
花色が豊富
花色は白から濃い赤紫色まで変化が多く、ツートンカラーの個体も見られます。若葉のうちは葉が紫色になる個体もあり庭のよいアクセントになります。個体差が激しいので、実物を見て自分の好みの個体を選んで買ってください。とくにナメクジの被害に遭いやすいので、芽が出てくる頃に薬剤などによってナメクジ対策を。

●ヤマホタルブクロ
Campanula punctata subsp. *hondoensis*
キキョウ科　宿根草・高山植物
花期5〜6月／高さ10〜60cm／幅15〜100cm（群生）

地下茎を伸ばして
殖えていくのを楽しみに
野趣のある釣り鐘型の花が咲くと、初夏を感じます。地植えにする場合は、山砂系の土を客土して、鉢植えには高山植物を植えるような山砂系の土を使います。地下茎を伸ばして殖えてゆくので、翌年はまた別の場所で花を咲かせます。花が咲くとその株は枯れるので、花つきを求める時は子株があることを確かめて。

●ドゥージア × ハイブリダ‘マジシャン’
Deutzia × *hybrida* 'Magicien'
アジサイ科（ユキノシタ科）　灌木
花期5月／樹高150〜180cm／幅150〜180cm

中国大陸原産の
灌木の交配種
日本のウツギ *D. crenata* より横に広がります。自然樹形に任せ、大きくなり過ぎたら古い幹と枝を根元から伐り、若いシュートだけにすればコンパクトに収まります。これはウツギやアジサイ、コデマリなど、たえず新しいシュートを伸ばして幹が入れ替わってゆく灌木類に共通する手入れです。

●カラマツソウ
Thalictrum aquilegiifolium
キンポウゲ科　宿根草・高山植物
花期5〜6月／高さ100〜150cm／幅50〜100cm

繊細な葉は抜群の美しさ
花は白と薄紫
花は白と薄紫があり、繊細な葉が抜群に美しくみごとです。少し競争力に欠けるので、他の植物の陰にならないように注意して配植します。大きな鉢に植えてもよいのですが、根づまりで傷みやすいので地面に囲いをして客土して植えるほうをお勧めします。種としてはユーラシア大陸に広く分布し、低山から山地の草原や森林に生えます。

●ティアレラ コルディフォリア
Tiarella cordifolia
ユキノシタ科　宿根草・高山植物
花期5〜7月／高さ20〜30cm／幅30cm前後

楚々とした白い花は
他の植物とよく調和する
花色は白、全体に温雅な美しさがあって、他の植物とよく調和します。競争にはあまり強くないので、同じくらいの高さまでの植物と組み合わせるか、配植を工夫します。北米大陸の落葉広葉樹林の湿った場所に生えます。温暖な地域では高山植物を植えるような山砂系の土を使って育てたほうが無難です。

●サニクラ カエルレスケンス（アオバナミツバ）
Sanicula caerulescens
セリ科　高山植物
花期5月／高さ15〜30cm／幅15〜30cm

山砂系の土を使って植え
水切れしないように注意
中国大陸雲南省・四川省の峨眉山などの、湿った暗い谷にある竹林や混交樹林に生えます。明るい日陰で育て、高山植物を植えるような山砂系の土を使って育てます。基本的に鉢植えとし、地植えにするには山砂系の土を客土します。土はいつもほどよく湿っているのを好み、水切れするとかなり傷みます。

point

ヤマホタルブクロのように、地下茎を伸ばして殖えていく植物は、翌年にはまた、別の場所から芽を出して花を咲かせます。思い通りにならないところもまた、野の花と暮らす楽しさのひとつです。

上／5月初旬の庭。左手前の太い幹はナツツバキ、その右のほっそりとした株立ちの木はナツハゼ。下草にユキノシタ、イカリソウ、アジュガ、コバノタツナミなど。手前右端の木はアオハダ。下左／手前左の青い花はヤマアジサイ。右手前の白い葉はイタドリ。下右／庭に面した茶室は、濡れ縁に沿って広いガラスの引き戸がL字に入り、新緑の庭を満喫できる。中央に見える幹はコナラ。

●ネジキ

Lyonia ovalifolia var. *elliptica*

ツツジ科　小高木
花期6〜7月／樹高2〜7m／幅3〜5m

**白い花、紅葉が美しく
冬には若い枝が深紅色に**

日本列島（北海道を除く）、台湾の低山や山地の森林に生えます。日当たりと水はけのよい適湿の土壌を好みます。ツツジ科植物の常として石灰は禁忌ですから、アルカリ土壌を要求する植物とはいっしょにはできません。ネジキという名は、この木を炭にすると螺旋状に割れ目が入って捩じれているように見えることから。

●ヤマブキショウマ

Aruncus dioicus

バラ科　宿根草・高山植物
花期6〜7月／高さ50〜100cm／幅50〜100cm

**林縁や草原の植物
冷涼な気候を好む**

葉が美しく、花がなくても価値のある植物です。日本産の系統は、最近宿根草として販売されることの多いヨーロッパ産系統よりも日陰がちの場所を好むようです。温暖な地域では、高山植物を植えるような山砂系の土を使って育てます。冷涼な気候を好むので、一般的にはアスチルベを選んだほうが育てやすいかもしれません。

●ヤマアジサイ

Hydrangea serrata

アジサイ科（ユキノシタ科）灌木
花期6〜7月／樹高50〜150cm／幅50〜200cm

**土の酸性度で
花色が変化する**

多くの栽培品種があり、白・紅・桃・ブルー系の各色、てまり咲き・半てまり咲き・八重などいろいろなタイプがあります。株の最大サイズも品種差が大きいので、ヤマアジサイに力を入れているお店で自分の目で見て購入します。水切れに弱いので、鉢植えならば夏場は腰水で管理してもよいぐらいです。

●イタドリ'バリエガータ'

Fallopia japonica 'Variegata'

タデ科　宿根草
花期7〜8月／高さ100〜150cm／幅100〜300cm以上（群生）

**野生種は東アジアに広く分布
新芽は春の山菜スカンポ**

新芽の頃から夏過ぎまで斑が美しく、花壇の背景に好適です。丈夫過ぎてもてあますほどになりますから、鉢植えにするか、囲いを作って地植えにします。新芽は「スカンポ」と呼ばれ、山菜として利用されます。必要分以外はそうやって消費してしまうのも、コントロール法としてよいかもしれません。

●ヨメナ　白掃き込み斑

Aster yomena White splashed leaf

キク科　宿根草
花期7〜11月／高さ30〜50cm／幅50〜100cm（群生）

**野菊と呼ばれる
代表的なキク科の植物**

平地のやや湿った日当たりのよい道端や田畑のそば、河川敷などに生えます。変種のカントウヨメナ var. *dentatus* は東海地方東部以北の本州の特産で、同じような場所に生えます。よく伸びる茎は、1回か2回刈り込んで、高さを抑えると同時に枝数を増やします。こうすると花もたくさん咲くので一石二鳥です。

住まいと庭……建築家　前島正光

私は、庭にとって最も大切なことは、建物との調和だと考えている。調和していれば、お互いがお互いを引き立てることになる。家があることによって、庭が生きてくる。庭があることによって、家が生かされる。お互い、どちらが勝ってもいけない。それぞれに主張しながら調和している。それが最も大切なことである。これは、まさに夫婦の関係といえる。家と庭と書いて「家庭」というように、どちらが勝ってもいけない。お互いが支え合い、引き立て合って、はじめて調和のとれた家庭になる。私は、そんな関係でありたい。

秋の庭の色

秋から冬にかけて、名残りの植物の美しさもまた格別です。葉の色や実の型、茎のおもしろさを、ひとつひとつ楽しみます。

●ヤブレガサ
Syneilesis palmata
キク科　宿根草
花期7月
高さ20〜80cm／幅15〜30cm

**破れた和傘そっくりの
フォルムがおもしろい**

ボロボロになった和傘そっくりの芽立ちから、成長して独特の形を見せる夏以降まで、おもしろ味があります。最近、いろいろな変異個体が発見され流通するようになりました。あまり競争力は強くないので、ある程度数をまとめて植えるか、ヤブレガサより小型の植物と組み合わせます。

●シモバシラ
Keiskea japonica
シソ科　宿根草
花期8〜9月
高さ50〜100cm／幅30〜80cm

**真夏に涼しげな花を咲かせてくれる
丈夫で姿のよい宿根草**

姿もよく、丈夫で、真夏にたくさん涼しげな花が咲いてくれる優れた宿根草です。流通している系統は地下茎を伸ばして思わぬ所から新芽が出てくることがあります。葉や茎が明るい緑色で純白の花が咲く青軸品も流通しており、これは地下茎を伸ばさないので小さな庭にはこちらがよいかもしれません。枯れた茎を処分する時、茎が硬いので剪定鋏を使いましょう。有名な氷柱現象を堪能した後に剪りましょう。

●イカリソウ属の一種 (p.128)

●ハナゼキショウ (p.112)

●シロヤマブキ (p.109)

●オカトラノオ
Lysimachia clethroides
サクラソウ科　宿根草
花期6〜7月
高さ50〜100cm／幅30〜100cm以上(群生)

**花色も姿も美しい
優れた宿根草**

花色は白と薄いピンクがあり、斑入りが数種あります。姿も美しく、優れた宿根草です。地下茎を伸ばして殖えるので、囲っておくか大きめの鉢に植えます。鉢植えの場合は毎年植え替えてください。東アジアに広く分布し、平地から低山のやや湿った草原や林縁に生えます。日当たりのよいほどよく湿った肥沃な土壌を好みます。

植物の学名の読み方

学名は植物を扱う世界の唯一の共通語です。この世界共通の名前があるからこそ、まったく違った文化的・言語的背景や分野の別なく、間違いなく同じ植物を指し示すことができるのです。学名は「ラテン語」という、見慣れない言語で書かれているせいか、取っつきにくい印象があるようです。しかし学名は一定の決まった書式で書かれていますから、それを覚えてしまえば便利なだけでなく、その植物の分類学的な位置づけまでもがひと目でわかる優れものです。海外のWebページを参照したり、カタログから取り寄せたりする際にぜひ活用してみてください。

学名は次のような書式で構成されています。ホタルブクロを例に見てみましょう。

Campanula punctata Lam.
　　　属名　　　種小名　　命名者名

最初に*Campanula*と書かれている部分は属名と呼ばれます。これはその植物の仲間に与えられた名前です。この属名の部分に*Campanula*と書いてあれば、その植物はホタルブクロの仲間ということになります。

それに続く*punctata*と書いてある部分は種小名と呼ばれます。これは個々の種の名前にあたります。この属名と種小名の組み合わせは二つと同じものがありません。このように学名は属名と種小名を組み合わせて一つの種を示します。

最後のLam.と書かれている部分は命名者名といって、その植物を新種として学術的に正規に記述して世に発表した人の名前です。この命名者名は省略してもよいのですが、論文では必ず記し、ちゃんとした図鑑では書くことが慣例になっています。例で示したホタルブクロの命名者名Lam.は『要不要説』で有名な18世紀後半〜19世紀前半のフランスの博物学者・生物学者ラマルクを指します。ときどき、学名はさらに続いていることがあります。ヤマホタルブクロを例に見てみましょう。*Campanula punctata* Lam.に続いて、多くの図鑑ではこう書いてあるはずです。

var. *hondoensis* (Kitam.)Ohwi
階級記号　　変種名　　（発表者名）命名者名

var.の部分は階級記号と呼ばれ、種よりも狭いグループを示す記号です。この種より狭い（小さい）分類の概念は亜種（subsp.）・変種（var.）・品種（f.またはforma）の3つあります。これらの概念は入れ子のような構造で亜種・変種・品種の順にグループとしてのまとまり（違い）が小さくなっています。

変種名は種小名と同じで、それぞれの亜種・変種・品種の名前です。亜種なら亜種名、品種なら品種名です。

最後の命名者名は先ほどと同じですが（）内の部分を発表者名と呼びます。発表者名は最初にこの植物を植物分類学的に記述した人の名前です。

右ページに、学名と分類階級の関係が一目でわかるように図にしました。こうすると直感的にヤマホタルブクロはホタルブクロの一部であるのがよくわかると思います。いい換えれば*Campanula punctata*とだけ書くとホタルブクロとヤマホタルブクロをひっくるめた表現だといえます。そこで普通のホタルブクロだけを間違いなく示したい場合は*Campanula punctata*に続けてvar. *punctata*と書きます。これで他の*Campanula punctata*に含まれる変種を排除して厳密に表現できます。これは学名でなければできない芸当です。例えば*Campanula punctata* var. *punctata*とカタログに書いてあれば、確実に普通のホタルブクロが届くでしょうが、*Campanula punctata*としか書いていないとホタルブクロの中の何が届くかは知れたものではない…ということがあり得るわけです。

学名が便利な点はそれだけではありません。キキョウとモモバギキョウは同じ仲間（同じ属）でしょうか？これも学名を見れば明快です。キキョウの学名は*Platycodon grandiflorus*、モモバギキョウは*Campanula persicifolia*です。属名が違うのでモモバギキョウはキキョウの仲間（同じ属）ではないとひと目でわかります。

栽培されている植物には人間が生存や生活、鑑賞などのために作り出した植物があります。そのような植物を「栽培品種」といいます。栽培品種には学名はつきませんが名前がつけられます。これを「栽培品種名」といいます。

Campanula punctata var. *hondoensis* f. *albiflora* 'Hakuba'
　　　属名　　　種小名　　　変種名　　品種名　栽培品種名

例にあげたのはシロバナヤマホタルブクロの栽培品種'白馬'の名前をアルファベット表記で書いたものです※。'白馬'はヤマホタルブクロの純白花の栽培品種です。栽培品種名は必ず''で囲まれています。栽培品種はしばしば商業上の理由から、本来の栽培品種名以外の名前で呼ばれることがあります。このような流通上の名前など正式の栽培品種名でないものは''をつけません。そのことで正規の栽培品種名か、そうでないかがひと目でわかるようにしてあるのです。両方を併記する場合は流通名の後の（）内に栽培品種名を書きます。なお栽培品種名は「翻訳・意訳・改変」が禁じられています。

昔は学名の後にcv.をつけてから続けて栽培品種名を書いたのですが、現在この書式は廃止されています。日本では古い文献や一部のwebページにこの書式で書かれたものが残っているので注意してください。

ホタルブクロ属
Campanula

ホタルブクロ（広義）
Campanula punctata

ホタルブクロ（狭義）
Campanula punctata var.punctata

ヤマホタルブクロ
Campanula punctata var.hondoensis

モモバキキョウ
Campanula persicifolia

カンパニュラ ポシャルスキアナ 'アルペンブルー'
Campanula poscharskyana 'Alpen Blue'

キキョウ
Platycodon grandiflorus

※　属名と種小名はイタリック（斜体）で記すのが正式です。

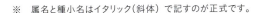

※　日本語でつけられた栽培品種名のアルファベット表記法にはいろいろありますが『ALA-LC翻字表による標準化に従う研究社の新和英大辞典第三版以降で採用されている修正ヘボン式表記』が推奨されています。例えばヤマモミジ '美峰（びほう）' の表記は 'Bihou'、'Biho'、'Bihô' はいずれも誤りで 'Bihō' が正しい綴り方になります。

索引

● 日なたが好き　● 日なた〜明るい日陰が好き　● 明るい日陰が好き　● 明るい日陰〜日陰が好き

園芸を始めたら、やってはいけない2つのこと

栽培している植物を野放しにしたり、野生個体を手当たり次第に採取すると在来の植物や自然を
大きく傷つけてしまいます。美しい自然の野山が永久に失われてしまうことのないように。

【育てている植物は捨てない】

育てている植物を捨てて野良にしたり、管理できない場所に植えてはいけません。これは栽培している植物が侵略的な帰化植物になり、生態系に悪影響をもたらす場合があるからです。すでに特定外来生物として16の種・属の植物の栽培・輸入・移動・販売・譲渡などが法律で禁止されています。その大部分が『鑑賞目的で導入された植物』である事実を重く見てください。

環境省の作成した『我が国の生態系等に被害を及ぼすおそれのある外来種リスト』には特定外来種の候補も含んだ190種が掲載されています。その中にはフランスギク・ハナニラ・ランタナ・ピラカンサ・スイレンの栽培品種・クレソンなどよく知られている植物も含まれています。

あなたの愛する植物が憎まれ者にならないように、野外に捨てない・管理できないところに植えない・種が飛ぶ前に花がらを切る・用土に根茎や球根が混じっていないかよく確かめるなどを徹底して必要分以外はしっかり処分してください。

【野生の植物を採集しない】

あなたが野生の草木を美しく育て上げたいと願うなら、自分で種から育てるか、あるいはお店で合法的に繁殖されたものを入手してください。お店で繁殖・販売されているものは人里の環境に慣れたものですし、鑑賞的によい個体が選ばれています。野生そのままではないのです。

作物を含めて世の中の栽培植物はすべての元は野生の草木です。しかし現在では、たとえ普通の植物であっても過去におこなわれていたような無分別かつ無思慮な採集は許されません。

野生の植物は環境への依存性が強く、なるべく近い環境をと心がけても野生個体は栽培環境になじまないのです。ネットオークションなどで販売されている野生採集（それは違法採集品である可能性が少なからずあります）のものは安いかもしれませんが状態がまちまちで、あなたの庭で育つかどうかは無謀な賭けでしかありません。

編集　八月社
ブックデザイン　福岡将之
イラスト　NAOMI
編集協力　明田川奈穂美　橋本景子

協力　マルモ出版

撮影協力（敬称略・50音順）

秋山優子
浦辺恵子
大須賀由美子
大類善恵
岡井路子
軽井沢レイクガーデン
河合佳江（植花夢）
クレマチスの丘
黒田和重
黒田健太郎（黒田園芸）
小泉真由美
小高静子
小林伸行・舞
近 東志勝・千佳子（MEON農園）
斉藤よし江（グリーンローズガーデン）
佐藤一彦
佐藤春子（シンプリーガーデン）
紫竹昭葉（紫竹ガーデン）
柴田しず江（フェアリーガーデン）
鈴木枝折
鈴木真紀
土樋三重子
中野可奈子
中村良美
長森正雄（エフメールナガモリ）
橋本景子
羽田乃充・奈美（リーフハウス）
はままつフラワーパーク
平工詠子
藤田悦子
本庄ルミ
前島光恵
松永茂子
宮原敏子
横山典子（軽井沢オークハウス）
若尾典子（ガーデンカンパニー）

Garden Diary Books

はじめての小さな庭の
花図鑑

2018年3月31日　第1刷発行

著　者

辻 幸治（解説）　福岡将之（写真）

発行者　安藤　明
発行所　有限会社八月社
　　　　〒151-0061　東京都 渋谷区初台 1-17-13
　　　　TEL 03-6300-9120（編集）
発売元　株式会社主婦の友社
　　　　〒101-8911　東京都千代田区神田駿河台2-9
　　　　TEL 03-5280-7551（販売）
印刷所　広研印刷株式会社

© HACHIGATSUSHA 2018 printed in Japan
ISBN 978-4-07-413707-7

■本書の内容についてのお問い合わせは、
有限会社八月社（Tel.03-6300-9120または eメール ando@hachigatsusha.net）へ
お願い致します。

■乱丁本、落丁本、はお取り替え致します。お買い求めの書店か、主婦の友社販売課
（電話03-5280-7551）へご連絡ください。

■八月社が発行する書籍・ムックのご注文は、お近くの書店か主婦の友社コールセンター
（電話0120-916-892）まで。
＊お問い合わせ受付時間　月〜金（祝日を除く）　9:30〜17:30

●主婦の友社ホームページ　http://www.shufunotomo.co.jp/
●八月社のホームページ　http://hachigatsusha.net/

Ⓡ本書を無断で複写複製（電子化を含む）することは、著作権法上の例外を除き、禁じられています。本書をコピーされる場合は、事前に
公益社団法人日本複製権センター（JRRC）の許諾を受けてください。また本書を代行業者等の第三者に依頼してスキャンやデジタル化す
ることは、たとえ個人や家庭内での利用であっても一切認められておりません。
JRRC（http://www.jrrc.or.jp）　eメール：jrrc_info@jrrc.or.jp　電話03-3401-2382